연필을 꽉 잡지 못하는 아이를 위한 감각통합 처방전

좁은 공간 속 움직임이 적은
우리 아이를 위한 손 발달 솔루션

연필을 꽉 잡지 못하는 아이를 위한 감각통합 처방전

강윤경·김원철 지음 | **도하** 그림

블루
무스

PROLOGUE

연필을 쥐지 못하는
요즘 아이들

엄마   "똑바로 앉아야지. 지금 몸이 기울어졌잖아."

수혁   "똑바로 앉았어."

엄마   "연필을 왜 이렇게 잡는 거야? 어깨에 힘 빼고 진하게 써 봐."

수혁   "손이 아프고 힘들어. 그냥 누워 있을래."

예비 초등학생인 수혁이는 매일 저녁 엄마와 '선 따라 긋기' 연습을 합니다. 손아귀에 힘이 없고 자세가 바르지 않아 만 4세 때부터 미뤄 온 연습을 이제야 하는 게 걱정인데, 그마저도 마음처럼 따라 주지 않으니 엄마는 속이 끓어오릅니다. 잔소리를 하면 제대로 앉아 선을 긋다가 1분도 채 안 되어 다시 흐트러지기에 엄마는 또 한번 마음을 다잡고 다시 써 보자며 감정을 눌렀습니다.

잠시 눈을 뗀 사이, 아이는 다시 삐딱한 자세로 앉아 지우개로 글씨를 지우려다 종이에 구멍을 내고, 힘 조절을 못해 연필심을 부러뜨립니다. 그러고는 힘들다며 연필을 굴리다가 손이 아프다고 징징거립니다. 인내심이 바닥난 엄마는 "그것도 싫으면 학교는 어떻게 가려고!" 하고 윽박을 지르고 아이는 자지러지게 울며 한바탕 전쟁을 치르고서야 상황이 종료됩니다.

진영 "엄마, 나 힘들어. 안아 줘."
엄마 "진영아, 엄마는 유모차도 밀어야 하잖아."
진영 "그럼 민준이 내리라고 해. 내가 유모차 탈 거야."
엄마 "동생은 아직 걸음이 서툰 아가잖아. 너는 잘 걸을 수 있고. 다음에 아빠가 함께 갈 때는 엄마가 안아 줄게. 그러니까 오늘만 걸을까?"
진영 "싫어. 나 안 가. 걷기 힘들단 말이야! 엉엉엉!"

진영이 부모님은 만 4세가 된 진영이가 어린이집에 가거나 외출을 한번 하려고 하면 세월아 네월아 하면서 도무지 움직이지 않아 재촉하다가 결국 화를 내면서 아이를 다그칩니다.

진영이는 동작도 느리고 매번 넘어져 간단한 율동을 배우는 것도 어려운 아이였습니다. 외출을 하면 힘들다고 빨리 집에 가자고 하거나 자꾸 안아 달라며 짜증을 부립니다. 이렇게 근력이 약하다 보니 그리기를 하거나 만들기를 할 때에도 금세 힘들어해서 또래보다 소근육 발달까지 느려져 걱정입니다.

'등 펴!'
'손에 힘을 줘, 꽉!'
'의자에 똑바로 앉아야지!'

요즘 아이들이 많이 듣는 잔소리입니다. 아이들의 생활 환경이 바뀐 탓인지 직장인들이 흔히 겪던 거북목과 굽은 등의 문제가 우리 아이들에게도 많이 나타나고 있고, 손으로 하는 작업(단추 끼우기, 쓰기, 가위질, 젓가락질 등)에 어려움을 겪는 아이들도 점점 늘어나고 있습니다. 어릴 때는 무심코 지나치거나 도와주며 문제를 해결하지만 연필을 쥐기 시작할 무렵이 되면 우리 아이의 발달 문제가 크게 느껴집니다.

특히 '쓰기'를 하기 위해서는 정교한 손 움직임이 필요합니다. 연필을 쥐고 쓰는 활동은 학교생활이나 학습에도 큰 영향을 주기 때문에 가볍게 지나쳐서는 안 됩니다.

그런데 손에 힘이 없는 아이들이 이렇게나 많은 이유는 무엇일까요?

'연필을 꽉 잡지 못하는 아이'는 복합적인 감각통합의 문제를 안고 있습니다. '요즘 애들은 다 그래!'라고 생각하기엔 학교생활에 영향을 미치거나 자존감 저하로 이어지지 않을까 걱정입니다. 이런 걱정을 가진 부모님들을 위해, 이 책은 일상에서 흔히 겪지만 결코 가볍게 생각하면 안 되는 감각통합 문제의 원인과 해결방안을 단계별로 잘게 나누어 확실한 솔루션을 제시합니다.

contents

프롤로그 연필을 쥐지 못하는 요즘 아이들 • 004

part 01 연필을 꽉 잡지 못하는 아이를 위한 감각통합 솔루션

01 손의 힘, 글씨 쓰기에서 끝나지 않는다
연필을 못 쥐는 요즘 아이들 • 014
스스로 못하는 게 많은 아이 • 018
신체 발달에 적신호가 켜졌다면 • 021
초등 입학 전, 선행보다 신체놀이에 집중하라 • 024
감각의 기초, 공부의 내공이 된다 • 026
TIP 연필을 못 쥔다면, 통합감각을 길러라 • 030

02 발달단계에 맞는 솔루션을 실행하라
대근육 발달은 0세부터 시작된다 • 031
대근육 발달, 훈련이 아닌 놀이로 접근하라 • 035
TIP 매달리기 놀이가 예쁜 글씨체를 만든다 • 042

03 팔과 손가락 근력이 중요하다
　　팔에 근력이 없는 아이, 지구력도 약하다 ・044
　　손가락 근력이 약한 아이들 ・051

04 '쓰기 전의 기술(prewriting)'을 연습하라
　　쓰기를 강요하면 거부감을 갖는다 ・059
　　연필 잡는 힘, 영아기부터 발달된다 ・061
　　정교한 손 움직임, 이렇게 연습하라 ・062

05 손 모양에 따라 감각통합 처방이 다르다
　　연필 올바르게 잡는 법 ・073
　　연필 교정기가 없다면 이렇게 교정하라 ・076
　　연필을 꽉 쥐기 위한 환경 조성하기 ・078
　　TIP 패드학습을 많이 하는 아이들의 감각통합 관리법 ・082

part 02 손에 힘이 없는 아이, 자세를 먼저 잡아라

01 모든 문제는 자세에서 시작된다
　　바른 자세를 잃어버린 요즘 아이들 ・086
　　바른 자세가 자존감을 높인다 ・090
　　나쁜 자세가 성장을 더디게 한다 ・092
　　등 굽은 아이, 작은 습관에서 시작된다 ・094
　　굽은 등, 성장 속도를 느리게 한다 ・098
　　굽은 등이 학습동기를 떨어트린다 ・100
　　'등 펴'라는 말 대신 환경을 바꿔라 ・108

02 허리와 엉덩이 힘을 키워 주는 자세 만들기
　흐트러진 자세, 성적으로 연결된다 • 113
　약해진 코어 근육, 팔다리의 발달을 방해한다 • 115
　터미타임은 코어운동의 시작이다 • 117
　노는 법을 아는 부모가 놀아 주는 법을 안다 • 119

part 03 기초감각이 튼튼해야 손힘이 생긴다

01 몸과 마음을 성장시키는 감각을 깨워라
　만 7세 이전에 통합감각을 잡아라 • 130

02 촉각 무슨 느낌이지?
　손 발달에 도움이 되는 촉각을 길러라 • 134
　까다로운 아이 & 둔감한 아이 • 136
　TIP 촉각이 정서와 사회성을 결정한다 • 145

03 고유수용성감각 내 몸이 어디에 있지?
    둔하고 예민하다면 고유수용성감각을 키워라 • 146
    힘이 없는 아이 & 어설픈 아이 & 산만한 아이 • 147
    TIP 착석을 어려워한다면 • 158

04 전정감각 내 몸이 어떻게 움직이고 있지?
    전정감각이 몸의 균형을 바로잡는다 • 159
    등 굽은 아이 & 겁 많은 아이 & 부주의한 아이 • 161
    왼손잡이 아이, 오른손 연습을 강요하지 마라 • 162
    TIP 감각통합을 돕는 아이 방 인테리어 • 171

    부록 초등 입학을 앞둔 아이를 위한 감각통합 Q&A • 174
    부록 초등 입학 전 아이의 발달상황 체크하기 • 198
    부록 '연필을 꽉 잡지 못하는 아이'를 위한 운동게임 • 202

part 01

연필을 꽉 잡지 못하는 아이를 위한 감각통합 솔루션

01
손의 힘, 글씨 쓰기에서 끝나지 않는다

연필을 못 쥐는 요즘 아이들

도구를 만들고 사용하는 능력을 발달시켜 온 인간에게 손은 일생을 살아가기 위한 중요한 역할을 합니다. 우리 몸에서 손의 면적은 작지만 뇌의 운동과 감각을 담당하는 영역을 살펴보면 손과 연관된 영역이 다른 신체 영역에 비해 넓은 범위에 걸쳐 분포되어 있습니다. 그러나 이 능력은 선천적으로 타고 나는 부분이 아닙니다. 이를 얻기 위해서는 영유아 시기부터 장난감이나 생활도구를 반복적으로 만지고 조작해야만 신경계에서 뉴런이 활발하게 시냅스를 형성하면서 뇌가 발달됩니다.

그렇기에 아이들이 손으로 물건을 만지거나 제스처로 의사를 표현하거나 만들거나 그리거나 쓰는 과정은 무척 중요합니다. 특히 '쓰기' 동작을 수행하기 위해서는 정교한 손 움직임이 필요합니다.

발달 시기에 맞는 감각경험과 손을 쓰는 경험은 '식사하기, 대소변 처리하기, 옷 입고 벗기, 목욕하기, 몸단장하기'와 같은 일상생활을 하는 데 필요한 기술인 '자조기술'의 토대가 됨은 물론이고, 학령기에 글씨를 잘 쓸 수 있는 '쓰기'의 밑바탕이 됩니다.

이렇게 말씀드리면 부모님들은 한 가지 의문을 떠올립니다. "아이 발달에 손 사용이 중요한 건 알겠지만 우리 아이는 손힘은 세요. 물건을 빼앗을 때 보면 얼마나 힘이 센데요. 그런데 왜 연필은 꽉 못 쥐는 걸까요?"라고 생각합니다.

작업치료사로 활동해 온 20여 년 동안 저는 이 질문을 참 많이 받았습니다. 앞서 말한 것처럼 우리의 손은 뇌로부터 신호를 전달받아 도구를 효율적으로 다루는 과정에 목표를 둡니다. 그게 손의 진정한 기능이기도 하지요.

단순히 손을 꽉 쥐는 능력이 좋다고 손 발달이 잘 이루어지는 것은 아닙니다. 우리는 손으로 다양한 물건을 다룰 때 물건의 속성에 맞게 손가락을 바꿔 쥐면서 손힘을 조절할 수 있어야 합니다. 아이가 블록이나 장난감을 조립하거나 수저, 가위, 연필 등을 잘 다룰 수 있는지, 적절하게 힘을 조절할 수 있는지 (예를 들면 쓰기를 할 때 연필심을 잘 부러트리거나, 상자를 열다가 힘을 너무 줘서 상자 안의 내용물을 쏟거나, 물건을 옮기다가 부수거나, 컵에 든 물을 마시려다가 얼굴에 쏟거나, 컵을 내려놓을 때도 잘못 놓아서 떨어트리는 등) 관찰해 보세요. 우리 아이가 물건을 잘 다루지 못하거나 힘 조절에 어려움을 보인다면 무엇이 손 발달을 방해하는지 원인을 찾아 도움을 주어야 합니다.

아이의 손 발달은 몸과 마음의 여러 가지 발달에도 큰 영향을 미치며, 아이가 손을 사용하면서 얻는 긍정적인 성취감은 학습능력과 자존감, 자신감, 자아형성과 같은 인지 발달 영역과 정서 발달 영역에까지 영향을 줄 수 있습니다.

스스로 단추를 못 채우거나, 우유 팩을 못 열거나, 글씨가 엉망이라면, 혹은 수업시간에 혼자서만 미술작품을 완성하지 못한다면 아이는 또래에 비해 자기효능감이 낮아질 수밖에 없습니다. 왜냐하면 일상생활과 학교생활에 필요한 가장 기초적인 자조활동과 과제활동에서 많은 실패를 경험했고 부정적인 피드백도 많이 받으며 자랐기 때문입니다. 이로 인해 자존감이 낮아지면 학교생활과 교우관계에도 어려움을 겪게 됩니다.

손에 힘이 없어 일상 속의 자조활동과 과제활동이 어렵게 되면 학교에서의 단체활동에 참여하는 데도 거부감을 느낄 수 있습니다. 왜냐하면 어린이집, 유치원, 초등 저학년은 만들기 활동이 많고, 한글과 수학을 배울 때에도 조작활동(점토로 글자 만들기, 스티커 붙이기, 바둑돌 사용 등)이 큰 비율을 차지하기 때문입니다. 그렇기에 손에 힘이 없는 아이는 단체생활에서도 심리적 부담감과 좌절감을 느낄 수 있습니다.

이 책을 읽는 대다수의 부모님들은 우리 아이의 단점을 고쳐 '완벽하게 키우려는' 욕심을 갖고 계실 테지만, 이 책을 통해 전하고 싶은 이야기는 그런 내용이 아닙니다. 우리 아이가 왜 손에 힘이 없는지 이유를 살피면서, 아이가 겪는 어려움을 이해하고 격려하는 조력자 역할을 하기 위함입니다. 아이가 건강한 몸과 마음을 가질 수 있도록 발달을 돕고, 손을 사용하는 경험이 즐거울 수 있도록 말입니다.

스스로 못하는 게 많은 아이

"우리 지원이는 책 보는 건 좋아하는데 손에 힘이 없어서 쓰는 것을 너무 싫어해요."
"혼자서 우유 팩을 못 열고, 신발 끈도 못 매는데 왜 그러는지 모르겠어요."

아이에게 매일 잔소리를 하는데도, 도무지 바뀌지 않아 화가 나고 한편으로는 걱정도 앞섭니다. 그러나 아이가 겪는 문제를 발달상의 관점으로 해석하지 못하고 단순히 '의지가 약해서' 제대로 연습하지 않기 때문이라고 생각합니다. 걱정을 하면서도 '시간이 지나면 해결되겠지', '큰 문제는 아닐 거야' 하면서 무심코 넘기다 보면 학교에 입학한 후에야 심각성을 깨닫는 경우가 많습니다. 물론 "연필을 힘껏 못 쥐고 신발 끈을 못 매는 것이 왜 학교생활과 일상생활에 영향을 주나요?", "컴퓨터나 태블릿으로 수업을 하는 시대인데 굳이 손으로 써야 하나요?"라고 생각하는 분들도 계실 겁니다.

우리가 손으로 하는 여러 가지 활동들은 일상생활을 하는 데 필요한 기본적인 기술인 '자조기술'이 대부분입니다. 자조기술이란 밥을 먹거나 옷을 입거나 화장실을 가는 등 의식주를 스스로 챙겨 나가는 능력을 말하는데, 이런 동작을 수행하기 위해서는 운동성, 감각, 인지, 언어, 사회성 등 여러 기능들이 통합되어야 하며 이는 적절한 대인관계 및 사회활동의 바탕이 됩니다.

하지만 요즘 아이들은 손을 사용하는 자조기술 능력을 갖추지 못한 경우가 많습니다. 영양 개선과 의학의 발달로 과거보다 신체적 성장이 더 빠른 요즘 아이들은 왜 유독 스스로 하지 못하는 일이 많아졌을까요?

첫 번째로는 아이가 스스로 할 수 있는 기회를 빼앗겼을 가능성이 큽니다. 예를 들면, 아이가 숟가락, 포크, 젓가락을 가지고 스스로 밥을 먹어야 하는데 '지저분하게 먹는다고, 흘릴까 봐, 먹는 시간이 오래 걸려서' 등의 이유로 학교에 입학하기 전까지 떠먹여 주는 부모님들이 많습니다. 또한 컵에 물을 따라 먹는 것, 옷이나 신발을 입고 벗는 것, 양치질, 손 씻기 등 일상의 모든 영역을 아이 스스로 해야 하는데 오래 걸린다는 이유로 개입하는 부모님들이 많습니다.

이 모든 것을 대신하고 있는 부모님이라면, 그런 행동이 아이의 발달을 저지한다는 것을 기억해야 합니다. 아이이기 때문에 당연히 모든 일에 미숙하고 실수를 합니다. 하지만 그러한 수많은 시행착오를 겪으며 반복적으로 연습을 해야만 내 몸, 내 움직임에 대해 이해하고 조절하는 능력을 키워갈 수 있습니다. 아이가 할 수 있는 모든 부분을 부모님들이 도와준다면 아이는 스스로 손을 사용하여 문제를 해결하는 경험을 하지 못하고 필요성도 못 느껴 더더욱 손을 사용하지 않게 됩니다.

두 번째로는 소근육 발달의 토대가 되는 대근육 발달이 부족할 가능성이 있습니다. 소근육 발달은 절대 단독으로 이루어지지 않습니다. 소근육 발달을 위해서는 대근육 발달이 꼭 선행되어야 합니다. 대근육과 소근육은 근육의 크기에 따른 분류이지만 신체 움직임을 간편하게 구분하기 위해 일반적으로 이 용어를 사용합니다. 대근육 운동은 걷기, 달리기와 같이 팔다리나 몸통의 큰 근육을 사용하는 것이고, 소근육 운동은 글쓰기나 종이접기를 할 때 손이나 손가락의 작은 근육을 사용하는 운동입니다.

대근육 운동은 몸통 주변의 근육과 관절의 안정성 발달에 밀접한 운동입니다. 대근육은 목 가누기, 터미타임, 기어다니기, 걷기와 같이 중력에 대항하여 움직일 때 발달되며, 네 발로 기어다니거나 점프를 하거나 공 잡기와 같이 신체의 양쪽을 협조적으로 잘 사용할 때, 혹은 몸이 쓰러지지 않도록 균형을 잡거나 복잡하고 리드미컬한 동작을 따라 하는 등 다양한 운동기술을 통해서도 발달합니다.

이처럼 대근육 운동은 몸통 주변과 팔다리의 큰 근육을 통제하고 움직이는 행위입니다. 우리 몸은 큰 근육들이 잘 통제되어야 작은 근육까지 조절할 수 있기 때문에 연필을 잡을 때 힘이 없고 소근육 발달에 어려움을 느낀다면 대근육 운동인 공 던지고 받기, 달리기, 점프, 균형 등의 대근육 발달을 꼭 체크해야 합니다.

대근육이 튼튼하지 않으면 소근육 활동을 많이 하더라도 증상이 쉽게 개선되지 않으며 금세 지치거나 힘들어할 수 있습니다.

신체 발달에 적신호가 켜졌다면

아이는 자신의 몸을 움직이면서 '나의 몸'을 탐구하기 시작합니다. 팔과 다리를 적재적소에 맞게 움직이거나 균형을 유지하기도 하고 자전거, 킥보드, 줄넘기를 배우고 율동을 따라 해 보는 과정에서 대근육이 발달합니다. 하지만 요즘 우리 아이들은 대근육 발달에 어려움을 겪고 있습니다. 체력을 키우는 일뿐만 아니라 발달과정에 맞는 운동을 하는 경우도 확연히 줄어들었습니다. 그렇다면 아이들의 대근육 발달을 방해하는 원인은 무엇일까요?

유전적, 환경적인 측면에서의 다양한 원인이 있고 여러 가지 원인이 복합적으로 동반될 수 있기에 단언하기는 어렵습니다. 하지만 요즘 아이들은 TV나 스마트폰을 장시간 사용하며 시간을 보내고, 장난감이나 즐길 거리가 많아져서 굳이 밖에 나가서 뛰어놀기보다는 하루 종일 실내에 머물곤 합니다. 몸을 움직이는 시간과 경험이 줄어든 아이들은 정서적으로나 신체적으로 악순환이 이어집니다. 그 이유는 아이들의 신체 발달이 아동기의 전반적인 발달에 큰 영향을 미치기 때문입니다.

아이들은 철봉에 매달리거나 구름사다리를 건너는 등 밖에서 뛰어노는 활동을 통해 다양한 자세와 균형을 경험하면서 신체를 인식하고 몸의 밸런스를 잡아 갑니다. 그 과정을 통해 대칭을 이루는 몸의 양쪽을 협조적으로 사용하는 방법을 익히고, 이를 통해 사회의 구성원이 되기 위한 언어와 학습을 체득할 준비를 합니다. '손에 힘이 없는 아이들'은 이런 중요한 시기에 대근육 발달이 제대로 이루어지지 않았을 가능성이 있습니다.

예비 초등학생 아이를 둔 부모님과 이러한 발달 문제에 대해 상담을 한 적이 있습니다. 그 아이의 부모님께서는 "우리 민서는 다른 아이보다 잘 뛰지 못하고, 수저질과 색칠하기를 잘 못하지만 책을 좋아하고 머리가 좋아서 괜찮다고 위안했었다"고 고백했습니다. 하지만 학교에 갈 시기가 점점 다가오자 의자 가장자리에 걸터앉아 등받이에 삐딱하게 기대는 일이 잦아지고, 한쪽 손으로 턱을 괴거나 구부정한 모습으로 바닥에 앉는 등 아이의 자세가 눈에 띄게 나빠졌다고 합니다. 심지어 연필을 쥐고 간단한 글씨를 쓰는 것조차 힘들어하는 모습을 보니 어릴 때부터 겪어 온 여러 가지 문제들은 시간만으로 해결되지 않는다는 사실을 느꼈고, 대근육과 소근육 발달의 문제가 학습은 물론 학교 적응 과정에까지 영향을 미친다는 것을 너무 늦게 알았다고 후회한 적이 있었습니다.

초등 입학 전, 선행보다 신체놀이에 집중하라

초등학교에 들어가기 전, 많은 아이들이 선행을 시작합니다. 한글을 떼거나 영어 문장을 줄줄 구사하거나 엄마의 강요로 이해조차 하지 못하는 구구단을 외우기도 합니다. 하지만 사교육 시장의 과대광고와 달리 영어 한 단어를 더 알고 연산을 할 줄 아는 것은 학령기 전 아이들의 발달에 득이 되지 않습니다. 어린아이들의 뇌는 추상적인 개념의 교육을 받아들일 만큼 아직 성숙하지 않았기 때문입니다.

오히려 학령기 전의 유아는 뇌가 어느 한 부분에 치우쳐 불균형하게 발달하지 않도록 다양한 감각자극을 경험해야 합니다. 아이들이 보고 만지고 듣고 느끼고 맛보고 움직이고 생각하는 자극들은 전기적인 신호로 변형되어 뇌로 전달됩니다. 그런 외부적인 자극이 신경세포를 통해 수만 가지 줄기의 시냅스를 형성하면서 뇌가 발달되는 것입니다. 유아 시기에 다양한 경험과 환경자극이 중요한 이유가 바로 그 때문입니다.

이처럼 아이의 뇌 발달에는 '결정적 시기'가 있습니다. 태어나서 만 4세까지가 신경망을 풍부하게 형성하는 결정적인 시기이지요. 이 시기에 언어, 감각, 운동 등 뇌의 모든 영역이 활성화되고 시냅스를 다듬어 가며 뇌를 발달시킵니다. 뇌는 고정된 조직이 아니라서 다양한 자극 경험과 생각을 통해 끊임없이 변화합니다. 그렇기 때문에 외부에서 오는 감각들을 경험하고 몸을 움직여 보고 생각하면서 주변 환경에 대한 정보를 쌓아 나갈 수 있도록 가능한 한 폭넓은 경험과 기회를 제공해야 합니다. 이런 경험은 책상에 앉아서 태블릿이나 종이와 연필로 배우는 것이 아니라 보고 만지고 듣고 느끼고 맛보고 움직이고 생각하는 감각체험 위주의 교육이 되어야 한다는 뜻입니다. 글자나 숫자와 같은 추상적 사고력을 필요로 하는 교육은 학령기가 되어야 충분히 이해할 수 있습니다. 따라서 우리 아이가 몸과 마음을 탄탄히 키워 가길 원한다면 너무 서둘러 학습을 시작하기보다는 신체와 정서 발달에 집중할 것을 권합니다. 즉, 그보다 중요한 것은 우리 아이가 열심히 놀면서 학교생활과 일상생활을 위한 기초능력을 튼튼하게 만들어 가는 일이며, 이 시기에는 아이 발달에 맞는 여러 가지 활동들을 경험하면서 신나게 뛰어노는 일이 우선시되어야 합니다.

　만 3~5세 정도의 아이들은 기어다니고, 오르고, 점프를 하고, 구르고, 걷고, 달리고, 매달리고, 뛰어내리고, 앞구르기를 하면서 적어도 하루 3시간 이상(모든 연령 추천)은 밖에서 뛰어 놀아야 대근육이 적절하게 발달됩니다. 야외에서 힘껏 움직이고 뛰어놀면서 신체의 다양한 반응과 감각을 경험하게 되지요.

아이가 초등학교에 입학해 고등학교를 졸업할 때까지, 학업을 이어 가야 하는 과정은 길고 기나긴 레이스입니다. 정신적으로나 신체적으로 지칠 수 있는 학업의 레이스를 아이가 잘 버티기 위해서는 당장 영어 한 단어를 더 외우고 문제집을 푸는 것보다는 신체놀이를 경험하면서 체력을 키우는 일이 먼저입니다.

감각의 기초, 공부의 내공이 된다

읽기, 쓰기, 셈하기와 같은 학습을 하기 위해서는 감각통합이 먼저 발달되어야 합니다. '배움'이란 보고 듣고 만지는 것부터 시작되고 이 과정이 학습의 시발점이 됩니다. 아이가 감각정보를 잘 파악하지 못한다면 아이는 언어적인 혹은 비언어적인 의미를 파악하기가 어렵고, 의사소통 과정에서 어려움을 겪거나, 자주 반복해서 다치면서 도전할 수 있는 과제를 점차 회피할 수 있습니다. 이처럼 주변 단서를 놓치거나 잘못 해석하는 일이 반복되면 학습내용을 습득하는 일에도 어려움을 겪게 됩니다. 간혹 부모님 중에는 '장난기가 심하고 관심이 없어서 그런 것'이라고 오해하기도 하지만 아이는 정말 어렵거나 이해할 수 없어서 주어진 과제를 피하거나 능숙하게 해 내지 못하는 경우가 많습니다.

감각통합은 아이가 공부를 하고 옷을 입고 밥을 먹고 씻고 사회 구성원 사이에서 잘 어울려 살아가기 위한 필요충분조건이 됩니다. 그렇기에 지금 당장 한글을 읽고 알파벳을 외우는 것보다는 감각통합을 잘 발달시키는 데 중점을 두어야 합니다.

아이의 발달 문제를 마주한 많은 부모님들이 무엇부터 시작해야 하는지 몰라 난감해하지만 감각통합을 키우는 과정은 어려운 일이 아닙니다. 아이가 성장하면서 다양한 감각(촉각, 시각, 청각, 미각, 후각, 전정감각, 고유수용성감각)을 긍정적으로 경험하고 이 감각을 기초로 직접 자신의 몸을 충분히 써 보면서 안으로는 나의 몸과 마음을 이해하고, 밖으로는 세상을 관찰하고 파악할 수 있게 하는 것만으로도 충분합니다.

유전적이거나 환경적인 요인, 혹은 불특정한 이유로 인해 요즘 아이들은 감각이 너무 예민하거나 둔감하고, 운동신경도 제때에 발달되지 못한 경우가 많습니다. 이처럼 감각통합 문제를 가진 경우 약간의 불편함을 갖고 살 수도 있지만, 이 문제가 지속되거나 심화되면 학습능력이 떨어지는 것은 물론 사회성 전반에 영향을 미칩니다.

아이들은 저마다 다른 가정 환경에서 자라기에 아이가 겪는 감각통합의 어려움과 정도도 천차만별입니다. 특정한 옷을 입기 싫어하거나 스킨십을 피하는 아이가 있고, 소리, 빛, 맛, 냄새에 너무 예민하거나 둔감한 아이가 있는가 하면, 하루 종일 쉬지 않고 움직이는 아이, 거북이처럼 느리게 움직이는 아이, 쉽게 피곤해하고 구부정하고 움직임이 서툴며 부주의한 아이도 있습니다. 그렇기에 아이의 기질과 성향을 파악해 그에 맞는 감각전략을 세워야 하지요.

감각전략이란 부모가 아이를 객관적으로 파악하고 아이에게 맞는 방법을 찾아가는 과정인데, 내 아이의 성향을 제대로 파악하는 과정은 그리 순탄치만은 않습니다. 다른 아이들의 사례에 내 아이의 상황을 빗대는 경우가 많기 때문입니다.

내 아이에게 꼭 맞는 감각전략을 세우기 위해서는 전문가인 '작업치료사'의 도움이 반드시 필요합니다. 경제적 시간적 여건 때문에 전문가의 도움을 받지 못하거나 '치료를 받아야 하는 수준인지 알 수 없어서, 고민하며 주저하고 있다면, 감각통합 문제로 나타나는 행동이 무엇인지 이 책을 통해 찾아보면서 우리 아이가 겪는 문제를 파악하고 부모님과 아이가 함께 노력해 보기를 바랍니다.

Tip

연필을 못 쥔다면, 통합감각을 길러라

연필을 꽉 쥐기 위해서는 근육과 관절을 잘 통제하기 위한 감각을 경험해야 합니다. 이 과정을 통해 아이가 경험한 감각정보를 뇌와 신체에서 통합해 나가는 '감각의 통합 과정'이 이루어지기 때문입니다.

필기구를 제대로 쥐기 위해서는 다양한 감각이 필요하지만 그중 고유수용성감각의 경험과 발달이 중요합니다. '고유수용성감각'이란 근육과 관절, 인대를 통해 입력되는 감각입니다. 이 감각을 통해 내 몸이 어디에 있는지, 어떻게 움직이는지를 보지 않고도 알 수 있습니다. 계단이나 사다리를 오르내릴 때 그 높이와 위치에 맞게 내 몸을 움직일 수 있고, 자전거와 운동을 배울 때도 다양한 동작들을 효율적으로 배울 수 있습니다. 또한 고유수용성감각을 통한 경험은 자세를 유지하고 균형 발달을 도와 눈과 손을 동시에 움직일 수 있게 합니다. 이런 까닭에 연필을 쥐고 글씨를 쓸 때에는 고유수용성감각의 역할이 중요합니다.

이 감각은 바른 자세를 유지하도록 도와줄 뿐만 아니라 몸통과 팔이 로봇처럼 한번에 움직이지 않게 합니다. 즉 몸통과 팔, 손목을 필요한 만큼 활용하되 불필요하고 어색한 동작이 아닌 글씨를 쓸 수 있는 세련된 움직임을 만들어 내는 것이지요. 이런 섬세한 감각을 익힌 후에야 아이들은 적절한 힘으로 연필을 쥐면서 글씨를 쓰게 됩니다.

02
발달단계에 맞는 솔루션을 실행하라

대근육 발달은 0세부터 시작된다

소근육 활동은 손만 잘 쓰면 된다고 생각하기 쉽지만, 사실 소근육을 잘 쓰기 위해서는 대근육과 소근육이 모두 발달되어 있어야 합니다. 대근육과 소근육 중 어느 하나라도 제 역할을 하지 못한다면 그리기 및 글씨 쓰기가 힘들기 때문입니다. 그렇다면 소근육과 대근육은 어떤 과정을 거쳐 발달될까요?

아이의 발달과정을 보면 목을 가누고 뒤집고 앉기 시작하는 시기부터 손가락으로 물건을 쥐고 장난감을 다루는 모습을 볼 수 있습니다. 이처럼 우리 몸은 중심부(몸통)가 안정되어야 몸의 바깥쪽 부분(손과 손가락, 다리와 발)의 움직임을 조절할 수 있습니다.

그래서 손으로 도구를 쥐고 잘 다루기 위해서는 먼저 바른 자세를 유지해야 하고 어깨, 팔, 손목 관절이 안정되어 있어야 하며, 손가락의 분리 움직임에 필요한 근력이 있어야 손을 잘 쓸 수 있습니다.

이처럼 손을 쓰는 행동은 손의 관절만 활용하는 단순한 작업처럼 보이지만, 생각보다 많은 전제조건이 필요합니다. 그렇다면 우리 아이의 발달에 맞는 대근육은 어떻게 키울 수 있을까요?

[연령별 대근육 발달 관찰표]

24~30개월	☐ 넘어지지 않고 잘 뛴다. ☐ 까치발로 네다섯 걸음 걷는다. ☐ 약 3m 거리를 뒤로 걷는다. ☐ 어른의 손을 잡고 두 발을 교대로 내리면서 계단 4칸을 내려간다. ☐ 벽이나 난간을 잡고 두 발을 교대로 움직이면서 계단 4칸을 올라간다.

30~36개월	☐ 한 발로 3초 동안 서 있다.
	☐ 발을 교대로 디디면서 계단을 오른다.
	☐ 팔을 쭉 뻗거나 팔과 몸으로 공을 잡을 수 있다.
	☐ 큰 공을 3m 정도 찬다.
	☐ 약 5cm 높이의 줄을 뛰어넘는다.
	☐ 균형을 잃지 않고 한 발로 깡충 뛰기를 3번 한다.
	☐ 도움 없이 세발자전거 페달을 돌려서 2m를 간다.
	☐ 약 45~60cm 높이에서 넘어지지 않고 두 발을 모아 뛰어내릴 수 있다.

36~48개월	☐ 전속력으로 달리다가 멈춘다.
	☐ 약 3m를 까치발로 걷는다.
	☐ 발을 교대로 떼며 계단을 걸어 내려온다.
	☐ 그네를 혼자서 앞뒤로 흔들 수 있다.
	☐ 2m 거리에서 65cm 길이의 정사각형 과녁에 콩주머니를 던진다.

48~60개월	☐ 약 3m 앞으로 공을 던진다.
	☐ 약 7cm 높이 이상 점프한다.
	☐ 한 발로 40cm 정도를 뛸 수 있다.
	☐ 다른 것을 붙잡지 않고 평균대에서 네 걸음을 걷는다.
	☐ 한 발을 먼저 떼면서 80cm 높이에서 혼자 뛰어내린다.

48~60개월	☐ 30초 내에 윗몸일으키기를 3~4회 한다. ☐ 옆으로 점프한다. ☐ 3~5가지 율동을 한다. ☐ 약 1m 앞으로 점프한다.
60개월~	☐ 달리는 속도가 빨라진다. ☐ 공을 팅기고 잡는다. ☐ 3m 정도를 질주할 수 있다. ☐ 6m를 6초 안에 껑충껑충 뛰어간다. ☐ 팔 굽혀 펴기를 20초 안에 7~8회 한다. ☐ 구르는 공을 찬다. ☐ 1.5m 정도의 거리를 계속 움직이면서 공을 찬다. ☐ 제자리에서 약 20cm 높이까지 점프한다. ☐ 줄넘기를 한다. ☐ 평균대에 떨어지지 않고 2.5m 정도를 옆으로 걸어간다. ☐ 보조바퀴가 달린 두발자전거로 균형을 잡으며 단거리를 달린다.

대근육 발달, 훈련이 아닌 놀이로 접근하라

대근육은 적절한 근 긴장도를 유지한 상태에서 자세를 조절하고 균형감각을 익히는 과정에서 발달됩니다. 두 발 점프와 같은 협응동작을 배우거나 신체의 양측을 효율적으로 써야 하는 킥보드나 자전거를 타는 과정에서 자신의 몸을 이해하며 발달합니다. 이를 통해 아이는 정확하게 쓰고 그리는 눈과 손의 협응능력을 키워 갑니다. 그렇기에 우리 아이의 발달이 늦다고 생각한다면 대근육 발달 훈련부터 시작해야 합니다.

그러나 놀이로 세상을 학습하는 아이들에게는 훈련의 개념보다는 놀이로 접근해야 합니다. 아이들이 지루해하지 않고 잘 따라 한다는 장점도 있지만, 어른이 배우는 운동 프로그램은 자칫 연약하고 미숙한 아이의 관절과 근육을 다치게 할 수 있기 때문입니다. 그렇다면 자세, 균형, 협응과 같은 여러 가지 요소를 가진 다양한 대근육 발달놀이에는 어떤 것이 있을까요? 다음의 10가지 몸 놀이 동작을 부모님과 함께 연습한다면 아이들에게 필요한 대근육을 집에서도 충분히 발달시킬 수 있습니다.

○ 어떻게 도와주면 좋을까?

집에서 하는 대근육 발달놀이 10가지

마스킹테이프 놀이   만 2세 이상

마스킹테이프로 일자 혹은 지그재그 선을 만들어 주세요. 출발 지점부터 선을 밟으며 도착 지점까지 걷습니다. 난이도를 높이고 싶다면 휴지 심에 작은 공을 올린 채 도착 지점까지 공을 떨어트리지 않고 걸어가면 됩니다.

이 놀이는 테이프를 따라 밟으면서 눈과 발의 협응능력과 자세를 조절하는 능력을 키울 수 있습니다. 휴지 심을 떨어트리지 않기 위해 집중해야 하기 때문에 내 몸의 감각을 느끼면서 신체 인지능력과 주의집중능력을 향상시킬 수 있습니다.

뒤뚱뒤뚱 치킨 레이싱   만 3세 이상

풍선이나 가벼운 공을 허벅지 사이에 끼우고 출발 지점부터 도착 지점까지 풍선이나 공을 떨어트리지 않고 걸어가면 됩니다. 이동하는 동안 공이 떨어지지 않도록 집중해야 하기에 내 몸의 움직임과 다리 힘의 강도를 동시에 조절할 수 있습니다.

엉덩이로 흔들흔들   만 3세 이상

갑티슈 박스를 끈으로 묶어 허리에 고정합니다. 박스에 탁구공처럼 작은 공을 채운 다음, 재미있는 노래에 맞춰 엉덩이를 흔들며 공을 빼내야 합니다. 몸을 흔드는 동안 전신의 근육을 사용할 수 있으며, 몸의 뒤쪽에 물건(갑티슈와 공)이 있기 때문에 등과 허리의 감각에 집중할 수 있습니다.

종이접시 놀이 — 만 3세 이상

종이접시의 테두리만 남기고 안쪽을 오려 줍니다. 아이와 함께 종이접시 테두리를 색깔별로 칠한 다음, 종이접시와 같은 색의 공을 던져 골인시키면 됩니다. 이 놀이는 팔을 사용하는 대근육 운동능력을 향상시킬 수 있으며, 공을 종이접시에 통과시키기 위해서는 공간에 대한 이해와 눈과 손의 협응능력이 잘 이루어져야 합니다.

두 발로 공 옮기기 — 만 3세 이상

의자에 앉아서 두 발로 공을 잡고 다른 통으로 옮겨 보세요. 이때 여러 가지 색깔의 볼풀 공을 섞어 사용하면 아이들의 참여도를 높일 수 있으며, 양발을 협조적으로 사용하는 동안 눈과 발의 협응능력이 향상됩니다.

책 미로 통과하기 만 2세 이상

그림책을 여러 권 세워서 미로를 만듭니다. 아이와 함께 미로를 걷거나 기어 다니면서 출구를 찾아 탈출해 보세요. 책을 쓰러트리지 않고 미로를 통과해야 하기에 균형감각을 기를 수 있으며, 공간에 대한 이해를 높일 수 있습니다.

협동 풍선 놀이 만 4세 이상

아이와 부모님이 쟁반을 마주 들고 그 위에 풍선이나 공을 올려놓습니다. 정해진 시간 안에 풍선이나 공을 떨어트리지 않고 반환점을 돌아 도착해야 합니다. 쟁반에서 공을 떨어트리지 않기 위해 집중하는 동안 시각 집중능력을 향상시킬 수 있으며, 협동적인 활동을 통해 사회성을 높일 수 있습니다.

거북이 상자 배달　　　만 4세 이상

짐볼 같은 커다란 공이나 물건이 든 상자를 네 발로 기는 자세로 밀면서 도착 지점까지 가져가야 합니다. 이 놀이는 어깨와 골반 등의 몸통 주변 관절과 코어 발달에 도움을 줍니다. 또한 머리로 무거운 상자나 공을 밀면서 신체의 움직임과 힘을 조절하는 능력을 키울 수 있습니다.

손바닥 발바닥 놀이　　　만 3세 이상

아이와 함께 종이나 박스에 손 모양과 발 모양을 그립니다. 아이가 손 모양과 발 모양에 맞추어 손과 발을 각각 올리면서 출발 지점부터 도착 지점까지 이동하는 놀이입니다. 손바닥과 발바닥 모양에 내 손과 발을 맞춰 보면서 신체를 인지할 수 있으며, 움직임을 계획하고 실행해 보는 능력을 향상시킬 수 있습니다.

골프 놀이　　　　　　　　　　　　　　　　만 3세 이상

색종이를 둥글게 말아서 바닥에 세우면 가운데가 불룩 솟아 터널 같은 공간이 생깁니다. 아이가 막대기로 작은 공을 쳐서 색종이 터널 속으로 공을 통과시킵니다. 막대기로 공을 움직여 보면서 자신의 움직임과 힘을 조절할 수 있으며, 색종이 터널에 공을 넣는 동안 시각 집중력을 키우고 공간에 대한 이해를 향상시킬 수 있습니다.

Tip

매달리기 놀이가 예쁜 글씨체를 만든다

철봉, 구름사다리, 정글짐에서 할 수 있는 매달리기 활동은 손아귀의 힘을 키울 수 있는 좋은 활동입니다. 놀이터의 여러 가지 놀이기구는 기어오르기, 매달리기, 흔들기, 잡아당기기와 같은 움직임을 필요로 합니다. 이런 놀이기구를 통해 아이들은 어깨, 팔꿈치, 손목, 손가락의 안정성, 유연성과 민첩성, 지구력을 발달시키면서 상체와 코어 근육을 강화합니다. 또 이러한 대근육 활동은 소근육 발달로도 이어지지요.

우리 아이가 연필을 꽉 쥐지 못한다면 놀이터에서 마음껏 뛰어놀게 해야 합니다. 바이러스가 극성인 요즘, 부모님들은 걱정과 불안감 때문에 야외활동을 기피하는 경우가 많지만 아이에게 안전한 공간만 선호해서는 몸과 마음이 제대로 자랄 수 없습니다. 아이가 정말 재미있어하고 도전하고 싶은 놀이터는 안전하고 낮은 유아 전용 놀이터가 아니라 모래가 깔려 있어 신나게 흙을 만질 수 있고 아슬아슬한 놀이기구도 가득한 진짜 놀이터입니다.

주변에 정글짐, 철봉, 구름사다리가 있는 놀이터가 없다면 주말에 시간을 내서라도 즐길 거리가 많은 놀이터를 찾아가 볼 것을 추천합니다. 숲 놀이터나 모래 놀이터 혹은 물 놀이터 같은 자연과 어우러진 곳이라면 더욱 좋습니다. 아이가 자연 환경을 만끽하며 실컷 놀 수 있게 하세요. 엄마와 아빠가 편히 쉴 수 있는 키즈 카페나 실내 놀이터도 좋지만, 자연 속에서 뛰어노는 것만큼 아이가 상상하며 놀 수 있는 공간은 없습니다.

[놀이터 기구가 주는 감각통합 효과]

놀이활동	효과
뺑뺑이 같은 회전기구	전정감각을 통해 주의집중능력을 키울 수 있으며, 회전기구가 돌아가는 동안 자세를 유지하면서 균형감각이 향상된다.
그네와 미끄럼틀	그네와 미끄럼틀을 타면서 신체 움직임과 자세를 조절할 수 있으며, 전정감각을 통해 주의집중능력을 향상시킬 수 있다.
정글짐과 구름사다리	정글짐과 구름사다리에 올라가거나 매달리는 동안 신체 움직임과 자세를 조절할 수 있으며, 전신의 근력을 향상하는 동시에 공간 이해능력을 키울 수 있다.
시소	시소를 함께 움직이면서 상호작용 및 협동을 경험할 수 있고, 시소에서 떨어지지 않도록 자세를 유지하면서 균형과 근력을 향상시킬 수 있다. 전정감각 자극을 통해 주의집중능력을 높일 수 있다.

03
팔과 손가락 근력이 중요하다

팔에 근력이 없는 아이, 지구력도 약하다

아이의 소근육 발달을 위해서는 상지(어깨, 팔)를 튼튼하게 해주는 활동을 반드시 병행해야 한다고 많은 부모님들께 조언합니다. 연필을 쥐고 글씨를 쓰는 과정에서 팔과 손목의 기능적인 움직임(고정하고 회전하는 움직임)이 제대로 발달되어야 섬세한 손동작이 가능하기에 어깨와 팔의 근력과 관절의 안정성은 코어 근력 다음으로 중요합니다.

어깨나 팔의 근력이 부족한 아이들은 글씨를 쓰거나 도구를 사용할 때 팔에 지나치게 힘을 주거나 팔의 근육을 조절하는 데 과도한 에너지를 쓰기에 과제에 온전히 집중하기가 어렵습니다. 그런 문제를 겪는 아이들은 그림을 그리거나 글씨를 쓸 때 어깨가 위로 올라가 긴장되어 있거나 팔을 겨드랑이에 붙이려고 과도하게 힘을 주는 경우가 많습니다. 이러한 자세는 손을 세밀하게 쓰는 데 방해가 되는 동작들입니다. 결과적으로 글씨 쓰기, 단추 끼우기, 수저 사용하기, 공놀이와 같은 손으로 하는 전반적인 운동기술을 익히기가 어렵습니다. 아이가 글씨를 쓸 때의 자세를 멀리서 살펴보세요. 힘이 들어가 있거나 구부정하고 부자연스럽다면 상지를 튼튼하게 할 수 있는 다음의 감각운동을 추천합니다.

○ 어떻게 도와주면 좋을까?
어깨와 팔의 근력과 지구력을 향상시키는 감각운동 10가지

상체의 근력을 향상시키기 위해서는 팔에 체중을 싣는 활동이나 팔을 어깨 혹은 어깨높이보다 높게 올린 채 중력을 이용하는 어깨 강화 활동, 무거운 물건을 들어 올리거나 줄다리기를 하며 힘의 저항을 느끼게 하는 활동을 추천합니다.

팔로 버티기 자세   만 3세 이상

엎드린 자세로 다리는 소파에 올려놓고 팔은 바닥을 짚습니다. 부모님과 함께할 경우에는, 부모님이 '푸시업 자세'로 엎드린 아이의 발목을 들어 올려서 아이가 팔로 바닥을 짚고 버티거나 손을 움직여 걷기를 합니다. 이때 버티는 시간과 횟수는 10초 혹은 10회 이상이며, 이 활동은 손목, 팔꿈치, 어깨 관절의 근력과 안정성을 향상시키고 코어 발달에도 도움을 줍니다.

벽에 그림 그리기   만 2세 이상

앉거나 선 자세로 벽에 종이를 붙이거나 그림을 그립니다. 자석 붙이기 활동도 같은 효과를 볼 수 있는 방법입니다. 팔을 들어서 그림을 그리는 동작은 중력에 대항하는 활동이기에 어깨 관절의 안정성을 향상시킬 수 있습니다.

줄다리기 만 3세 이상

두 사람이 일어선 자세로 마주 본 후 줄다리기를 하듯 줄의 양쪽 끝을 잡아 당깁니다. 이 놀이는 줄을 쥐는 힘을 통해 손과 팔의 근력을, 당기는 활동을 통해 전신의 근력을 향상시킬 수 있습니다.

구름사다리 만 5세 이상

구름사다리를 두 손으로 잡고 매달린 채 팔을 움직여서 앞으로 건너갑니다. 어깨 관절이 약하고 체중이 많이 나가는 경우에는 버틸 수 있는 만큼만 매달리는 것만으로도 효과를 볼 수 있습니다. 반면 어깨 관절이 튼튼하고 몸이 가벼워서 매달리는 일이 힘들지 않다면, 왕복 2회 정도를 건너면서 어깨와 손의 근력을 기를 수 있습니다.

천장에 그림 그리기　　　만 3세 이상

아이가 누운 채 팔을 뻗을 수 있는 높이의 상을 준비합니다. 상의 밑면에 큰 사이즈의 종이를 붙인 뒤, 아이가 상 아래쪽에 누워 한 팔을 들고 숫자를 쓰거나 그림을 그립니다. 중력에 대항하는 이 활동을 통해 어깨 관절의 안정성을 높일 수 있습니다.

벽 푸시업　　　만 3세 이상

팔로 벽을 미는 푸시업 자세를 10회 이상 반복합니다. 일어선 자세로 팔에 체중을 실어야 하는 이 활동을 통해 어깨, 팔꿈치, 손목의 근력과 안정성을 향상시킬 수 있습니다.

사이드 플랭크　　　만 4세 이상

옆으로 누운 자세로 팔을 펴서 발끝으로 버팁니다. 이때 엉덩이가 뒤로 빠지지 않는지, 팔을 굽힌 상태인지 확인하며 중심이 무너지지 않게 10초 이상 유지합니다. 이 활동은 어깨, 팔꿈치, 손목의 안정성을 향상시키며 코어 발달에도 도움을 줍니다.

벽에 공을 붙이고 위아래로 움직이기　　　만 4세 이상

선 자세로 팔을 쭉 펴고 벽에 공을 고정합니다. 공이 떨어지지 않도록 주의하면서 10회 정도 위아래로 굴려야 하며, 이때 공의 높이는 머리에서 배꼽 정도가 적당합니다. 팔을 든 상태로 중력에 대항하는 동안 어깨 관절의 안정성을 높일 수 있습니다.

머리 위로 공 들기　　　　　만 3세 이상

두 손으로 공을 잡고 머리 위로 들어 10초 이상 유지합니다. 이때 공의 무게가 너무 무거운 것은 피하는 것이 좋습니다. 팔을 든 상태로 중력에 대항하는 동작이기에 어깨 관절의 안정성과 근력을 동시에 향상시킬 수 있습니다.

짐볼 걷기　　　　　만 4세 이상

엎드린 자세로 짐볼 위에 올라탄 후 팔을 뻗어 바닥을 짚습니다. 기어가듯 손으로 바닥을 밀면서 공을 앞뒤로 10회 이상 움직입니다. 이 동작을 하면 팔에 체중이 실리면서 어깨, 팔꿈치, 손목의 안정성과 근력이 향상되며 코어 발달에도 도움이 됩니다. 또한 앞뒤로 공을 굴리면서 자세를 조절하는 능력과 신체를 인지하는 능력도 발달됩니다.

손가락 근력이 약한 아이들

연필을 쥐고 적당한 힘을 유지하기 위해서는 손가락의 근력과 지구력이 두루 필요합니다. 자르거나, 색칠하거나, 접착제를 짜거나, 클레이를 뭉칠 때 손가락의 근력이 단련되어 있거나 지구력이 강하면 중간에 포기하지 않고 원하는 모양을 완성할 수 있기 때문입니다.

손가락의 근력과 지구력이 약한 아이들은 손으로 하는 활동(만들기, 쓰기, 그림 그리기)을 회피하기도 합니다. 이런 회피는 결국 손을 사용하는 경험을 줄어들게 하고 나이에 맞는 적절한 손 기술을 익힐 수 없게 되는 악순환이 반복됩니다.

손가락에 힘이 없는 아이들 중에는 간혹 오른손과 왼손을 번갈아 사용하는 경우도 많습니다. 특히 큰 면적을 색칠할 때에는 오른손과 왼손을 번갈아 사용하며 색칠을 합니다. 부모님들은 이런 모습을 보며 '덜 힘들게 하는 요령을 알고 있네?'라고 생각하는 경우도 있지만, 양손을 번갈아 사용할 경우 우세한 손(오른손잡이, 왼손잡이)이 발달하기 어렵습니다. 오른손잡이나 왼손잡이처럼 우세한 손을 가진 경우, 뇌 기능의 역할 분담이 잘 이루어져 오른손과 왼손이 각각 다른 움직임을 담당해야 할 때 협응을 통해 정교하게 조작할 수 있습니다.

또한 손가락으로 잘 쥐기 위해서는 엄지의 관절이 중요합니다. 크레용이나 연필을 잡기 위해서는 엄지와 검지가 닿으면서 생기는 웹 스페이스 공간(web space)이 있어야 합니다. 엄지의 관절이 약한 아이는 이 공간이 좁거나 형태가 무너져 있을 가능성이 있습니다. 글씨 쓰는 모습을 살펴보면 연필을 떨어트리지 않기 위해 힘껏 쥐는 경우가 많고, 글씨를 쓰다가도 쉽게 피로를 느껴 과제를 중간에 그만두기도 합니다. 이처럼 손가락의 근력과 관절의 안정성이 부족한 아이들은 잦은 실패를 경험하게 되기에 손을 사용하는 일을 점점 회피하게 되고 이는 소근육 발달을 더욱 더디게 합니다.

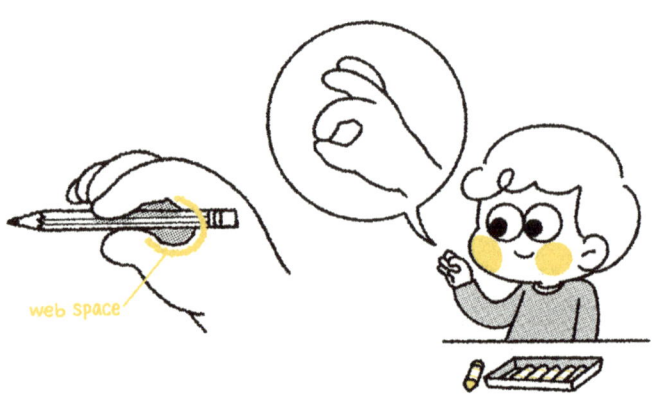

○ 어떻게 도와주면 좋을까?
아이들이 손으로 할 수 있는 감각통합놀이 10가지

다양한 재료와 도구를 이용하여 손가락을 구부리고 펴 보면서 손 근육을 두루 사용할 수 있는 활동을 추천합니다. 손 감각을 키우기 위해서는 블록을 끼우고 빼는 활동, 포장 재료인 '뽁뽁이' 터트리기, 말캉말캉한 '만득이 겔'처럼 힘껏 쥘 수 있는 장난감 외에도 점토, 모래, 물, 진흙, 물감과 같은 재료로 다양한 놀이를 하면서 발달시킬 수 있습니다.

특히 둥근 물체(작은 공, 철봉)를 쥐며 악력을 키우는 활동은 엄지와 검지의 공간을 넓혀 주는 역할을 하기 때문에 세밀한 동작의 발달을 위해서는 손끝으로 잡기, 연필잡기 등의 활동과 함께 병행하는 것이 좋습니다.

아직 우세 손이 형성되지 않았다면 학교에 입학하기 전까지 어느 손을 더 많이 사용하는지를 살펴보세요. 그리고 그 과정에서 공놀이, 한 발 점프처럼 손과 발을 사용하는 대근육 활동, 양손을 함께 쓰는 활동과 교대로 쓰는 활동을 반복하면서 정교하게 글씨를 써 보는 경험을 늘리면 우세 손을 발달시킬 수 있습니다.

클레이 쥐어짜기　　만 2세 이상

클레이를 쟁반에 놓고 두 손으로 꽉 쥐어 봅니다. 이 놀이는 손의 근력을 기를 수 있으며, 클레이의 질감을 통해 촉각 변별능력과 조작능력을 향상시킵니다.

자르기 활동　　만 2세 이상

어린아이들이라면 A4 종이나 빨대를 가위로 자릅니다. 가위질에 능숙한 편이라면 클레이, 골판지와 같이 일반 종이보다 자르기 힘든 재료로 난이도를 높여 손의 근력을 키울 수 있습니다.

펀치로 구멍 내기　　　　　　　　만 3세 이상

펀치로 종이에 구멍을 내면서 손의 근력을 키울 수 있습니다. 점을 찍고 위치에 맞게 구멍을 뚫는 놀이를 한다면 공간과 위치에 대한 이해를 높일 수 있고, 눈과 손의 협응능력을 기를 수 있습니다.

스펀지 짜기　　　　　　　　만 2세 이상

스펀지에 물을 묻혀서 손으로 꽉 쥐어 물기를 짜냅니다. 비틀어 짜는 활동을 통해 손의 근력과 지구력을 향상시킬 수 있습니다.

빨래집게 놀이　　만 3세 이상

줄, 옷, 커다란 종이 등에 일정한 간격으로 빨래집게를 붙이고 뗍니다. 이 활동으로 공간에 대한 이해와 신체를 인지하는 능력, 그리고 손의 근력을 함께 향상시킬 수 있습니다.

고무줄 놀이　　만 3세 이상

노란색 고무줄을 늘려 장난감이나 휴지 심에 끼우거나 빼는 과정을 반복해 봅니다. 양손을 모두 활용해야 하는 이 활동은 손의 근력과 지구력을 동시에 높일 수 있습니다.

소스 통 짜기 만 2세 이상

소스 통이나 물약 병에 물감이나 물을 넣고 뚜껑을 잘 잠근 뒤 종이나 접시에 그림을 그리듯 짜내어 봅니다. 액체가 나오는 양을 일정하게 조절하려면 손의 근력과 지구력이 필요합니다.

분무기 뿌리기 만 3세 이상

분무기에 물 또는 다양한 색의 물감을 넣고 커다란 종이에 뿌려 봅니다. 한 손으로 분무기의 손잡이를 쥐고 펴는 활동을 통해 손의 근력을 향상시킬 수 있습니다.

종이 및 호일 구기기　　　만 2세 이상

적당한 크기로 자른 종이나 호일을 최대한 작게 구겨 봅니다. 손가락 힘의 강도에 따라 호일이나 종이의 크기를 다르게 할 수 있으며, 이 놀이를 통해 손의 근력과 집중력을 향상시킬 수 있습니다.

O 모양 만들어 보기　　　만 2세 이상

엄지와 검지 끝이 만나게 하여 O모양을 만들어 봅니다. 엄지와 검지 사이의 공간이 부족하다면 둥근 물체(작은 공, 트램펄린 손잡이 잡고 뛰기, 철봉 매달리기 등)를 손으로 감싸는 활동을 자주 합니다.

04
'쓰기 전의 기술(prewriting)'을 연습하라

쓰기를 강요하면 거부감을 갖는다

아이가 한글을 배울 무렵, 많은 부모님들이 아이의 글씨 쓰기에 문제가 있음을 깨닫습니다. 그러나 소근육 발달이 지연되었다는 자각보다는 '연습이 부족해 생기는 문제'라고 생각하며 학습지로 자음과 모음, 단어를 따라 쓰게 합니다. 하지만 아이는 매번 손이 아프다며 짜증을 내고, 엄마는 그 모습에 화를 내면서 학원을 알아봐야 하나 고민을 합니다.

그러나 소근육이 약해 '쓰기'를 싫어하는 아이에게는 부모님의 권유나 강요가 독이 될 수 있습니다. 연필을 쥐는 일에서부터 거부감을 느끼면 학습에까지 부정적인 정서가 옮겨

가기 때문입니다. 우리 아이가 손으로 쥐고 조작해 보는 경험이 부족했다면 유아기 때부터 반복해 온 '손을 쓰는 연습'을 다시 시작해야 합니다.

우리 아이의 손 근육을 단련시키는 이 과정은 단순히 연필을 쥐는 것이 최종 목표가 아닙니다. 아이가 학습을 하고 글을 쓰고 독립적으로 살아가기 위한 고차원적인 작업을 어려움 없이 스스로 해낼 수 있게 하는 것이 바로 목표입니다. 그렇기에 연필 쥐는 연습은 아이에게 긍정적인 활동으로 인식되어야 하고 아이가 연필을 잘 쥐기 위해서는 종이를 접거나 다양한 촉감을 느껴 보거나 물건을 만들고 조립하는 등의 손을 이용한 즐겁고 신나는 경험이 선행되어야 합니다.

아이는 울고 엄마는 화를 내는 힘겨운 쓰기활동은 잠시 내려놓고 아이가 좋아하는 것을 찾아서 충분히 만지고 조작하는 시간이 먼저여야 합니다.

연필 잡는 힘, 영아기부터 발달된다

아기 때부터 반복해 왔던 쥐고 당기고 밀고 돌리고 빼는 모든 움직임은 우리가 연필을 쥐고 글씨를 쓰는 것처럼 세밀하고 어려운 동작을 수행하기 위한 기초공사 과정입니다. 손을 사용하는 기본적인 발달과정은 학습을 할 수 있는 인지적 능력을 함께 성장시키는 데도 도움을 줍니다.

예를 들면, 아이가 물건을 직접 쥐고 만져 보면서 물건의 쓰임과 개념을 이해하고, 낙서를 하거나 블록을 끼우거나 가위와 풀 등을 사용해 만들기를 해 보면서 여러 도구를 조작하는 방법을 배웁니다. 또한 클레이, 모래, 물감, 물과 같은 재료를 직접 만지고 느껴 보면서 다양한 질감을 변별하고, 위치와 크기와 비율을 가늠하면서 우리의 주변 환경과 사물에 대한 감각과 경험치를 쌓아 갑니다. 그 밖에도 가벼운 공이나 무거운 공을 들어 던져 보면서 무게를 가늠하거나 속성을 파악해 보는 과정을 통해 다양한 감각경험이 쌓여 인지가 발달합니다.

이러한 과정을 자주 경험한 아이는 주변의 사물을 해석할 수 있고, 두 손을 활용해 눈앞에 놓인 과제를 해결할 수 있습니다. 영아기부터 시작되는 감각 발달의 기회를 빼앗긴다면, 고차원적인 학습을 진행할 때 의욕이 저하되고 동기가 낮아질 수밖에 없습니다.

집에서 다양한 재료를 만지는 촉감놀이를 자주 하면 아이에게 충분한 탐색의 기회를 줄 수 있고 스스로 놀이를 확장하는 힘도 기를 수 있습니다. 뿐만 아니라 손을 다양하게 쓰는 방법을 스스로 터득할 수도 있지요. 하지만 매번 집에서 촉감놀이 활동을 하기란 쉽지 않습니다. 재료를 준비하고 놀이를 하고 치우는 과정이 생각보다 힘들기 때문입니다. 집에서 촉감놀이를 하기가 힘들다면 문화센터, 미술학원, 방문미술 등 외부 체험활동을 추천합니다. 아이가 외부에서 다양한 놀이를 접하다가 특별히 관심을 더 보이는 재료나 활동이 있으면 동일한 재료를 구입하여 집에서 한 번 더 반복해 보는 것도 좋습니다.

정교한 손 움직임, 이렇게 연습하라

손을 정교하게 움직이기 위해서는 '쥐는 능력'이 중요합니다. 신생아 시기에는 팔을 휘저으면서 손에 닿으면 반사적으로 잡을 수 있고, 걸음마를 하면서부터는 손가락으로 작은 물건을 집을 정도로 세밀한 동작이 가능합니다. 여기서 말하는 '손 조작'과 '쥐는 능력'이란 손, 손가락처럼 작은 근육을 조절하는 운동기술을 말하며, '정교한 손 움직임'이란 쓰기, 그리기, 작은 물체 집어 올리기, 단추 잠그기와 같은 능력을 말합니다.

  이처럼 정교하게 손을 사용하기 위해서는 발달연령에 맞는 경험을 자주 접해야 합니다. 거창한 장난감이 아니어도 좋습니다. 아이가 스스로 밥을 먹고, 등원 전에 혼자 양말을 신고 단추를 끼우고 뚜껑을 여는 등 일상생활 속의 활동만으로도 아이의 소근육을 자극하고 손 감각을 발달시킬 수 있습니다. 그러나 많은 부모님들이 서툴고 오래 걸린다는 이유로 아이가 직접 경험해야 할 일을 대신 해결하곤 합니다. 부모님의 눈에는 답답하고 서툴러도 점차 나아질 거라는 믿음을 갖고 내 아이의 속도에 눈높이를 맞춰 주려는 마음이 필요합니다.

○ **어떻게 도와주면 좋을까?**
아이의 쥐는 능력을 키우는 손쉬운 놀이 10가지

연필 및 크레용으로 쓰고 색칠하는 그림활동, 끈으로 끼워 보고 손끝으로 잡아 보는 만들기 활동, 작은 물체를 집어 조작하는 블록활동 등 사물을 다양하게 조작할 수 있는 손 기술을 배울 기회를 주세요.

또한 아이의 발달연령에 맞는 활동을 경험하는 과정도 중요합니다. 약 24~30개월에는 한 손으로 컵을 들어 물을 마시고, 36~48개월에는 수저를 사용하여 스스로 음식을 먹을 수 있게 지도해야 합니다. 이때 음식물을 흘리는 것은 당연하기에 부모님이 주변을 지나치게 닦거나 청소하는 데 집중하기보다는 스스로 잘 먹는다는 행위에 집중하여 아이를 칭찬해야 합니다. 그리고 48~60개월이라면 혼자서 세수를 하고 양치질하는 연습을 시작해야 하고, 60개월이 넘었다면 스스로 옷을 벗고 입을 수 있도록 입고 벗기 쉬운 옷을 준비하여 혼자서 옷 입는 방법을 알려 주어야 합니다.

링 시리얼 목걸이   만 2세 이상

링 모양으로 된 시리얼을 하나씩 잡고 끈에 끼워 줍니다. 아이가 여러 개를 끼우고 나면 부모님이 끈을 묶어 목걸이를 만들 수 있습니다. 이처럼 무언가를 실에 꿰어 보는 활동은 양손을 협조적으로 쓰는 능력을 향상시키며, 한 손으로 얇은 줄을 잡고 세밀하게 조작하는 데 필요한 주의집중력을 높입니다.

손끝으로 껍질 벗기기   만 2세 이상

귤처럼 껍질을 까서 먹는 과일을 준비한 후 아이가 직접 귤껍질을 벗길 수 있도록 도와주세요. 과일 껍질을 스스로 제거하는 동안 손끝을 활용하는 세밀한 동작을 수행해야 하며, 과일을 먹어 보면서 시각과 미각을 동시에 자극할 수 있습니다.

매니큐어 바르기 　　　만 3세 이상

어린이용 매니큐어를 준비하여 아이가 부모님과 자신의 손톱에 매니큐어를 발라 봅니다. 작은 면적에 매니큐어를 칠하는 세밀한 동작을 수행해야 하며, 신경을 집중하는 동안 신체에 대한 인지를 향상시킬 수 있습니다.

도형에 맞게 스티커 붙이기 　　　만 3세 이상

종이에 동그라미, 네모, 세모를 그려 줍니다. 그런 다음, 스티커를 떼서 도형의 선을 따라 스티커를 붙이는 활동입니다. 스티커를 떼고 선을 따라 붙이는 세밀한 작업을 통해 주의집중력을 키울 수 있으며, 도형에 관한 인지능력을 키울 수 있습니다.

동전 집어서 손바닥에 넣기 만 1~2세 이상

오른손으로 사물을 잡아 왼손 손바닥 위에 올립니다. 이 활동을 잘하는 아이(만 2세 이상)라면, 왼손에 동전 3~4개를 올린 후 왼손 손가락으로 동전을 집어 반대쪽 손으로 옮깁니다. 작은 물건을 집어 반대쪽 손으로 이동시키는 이 놀이는 손가락과 손목의 소근육을 키워 세밀하게 조작하는 능력을 높입니다.

면봉으로 그림 그리기 만 2세 이상

면봉에 물감을 묻힌 후 콕콕 찍어서 아이가 좋아하는 그림을 그립니다. 작은 면봉을 잡고 그림을 그리는 동안 주의집중력이 향상되며, 면봉의 위아래를 반대로 돌리면서 양쪽으로 찍는다면 더 정교한 동작을 익힐 수 있습니다.

카드 뒤집기 만 3세 이상

작은 종이에 아이가 좋아하는 그림을 2장씩 그립니다. 여러 세트를 만든 후 카드를 뒤집어 같은 모양을 찾는 메모리 게임 놀이입니다. 카드나 종이를 뒤집는 활동은 손가락을 세밀하게 조작하는 능력을 향상시키며, 뒤집힌 카드의 위치를 기억함으로써 기억력과 시공간에 대한 감각을 키워 줍니다.

생수병 뚜껑 열기 만 2세 이상

손가락에 힘을 주어 생수병 뚜껑을 여는 활동입니다. 뚜껑의 개폐 강도를 아이의 연령에 맞게 조절함으로써 손목과 손가락 근육을 발달시킬 수 있습니다.

종이접시 바느질 만 3세 이상

펀치로 종이접시의 테두리에 구멍을 뚫은 다음, 털실이나 운동화 끈으로 구멍을 이어 가면서 바느질을 합니다. 이 활동은 구멍으로 줄을 통과시키면서 양손을 협조적으로 사용해야 합니다. 또한 아이가 구멍의 순서를 기억하며 엇갈리게 끼우는 동안 인지능력과 공간지각력을 함께 향상시킬 수 있습니다.

클레이 속 구슬 찾기 만 2세 이상

아이가 좋아하는 작은 피규어나 구슬을 클레이에 숨겨 놓습니다. 손으로 클레이를 늘리고 뜯으면서 구슬을 찾는 이 활동은 손가락 근력을 키우며, 클레이를 만지면서 손의 촉각 변별능력과 조작능력을 향상시킵니다.

연필 지우개 사용하기　　만 3.5세 이상

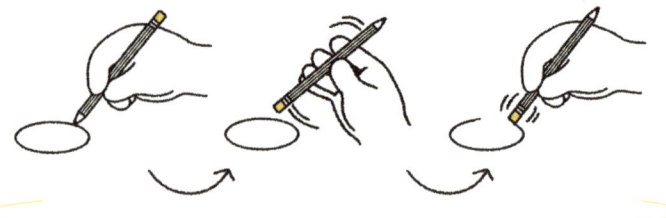

연필심에 가까운 부분을 잡은 상태로 연필을 돌려 지우개 부분이 가까워지도록 잡습니다. 이 활동은 연필로 원을 그리고 지우개로 지우는 활동으로도 응용할 수 있으며, 이 과정을 통해 손가락을 세밀하게 조작하는 능력이 향상됩니다.

손가락으로 이동시키기　　만 2세 이상

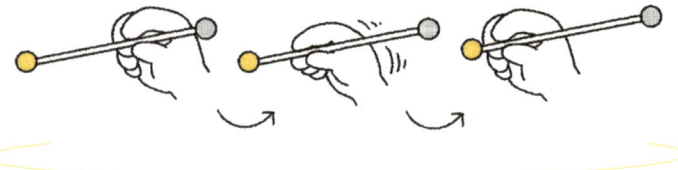

젓가락의 한쪽 끝에 다른 색의 스티커를 붙인 다음, 엄지와 검지를 조금씩 당겨 스티커를 붙인 쪽에 손이 가까워지게 하는 활동입니다. 젓가락을 떨어뜨리지 않는 사이에 주의집중력을 키울 수 있으며 손과 손목의 움직임을 발달시킬 수 있습니다.

[연령별 자조기술 발달 관찰표]

자조기술이란 스스로 일상생활을 하는 데 필요한 기본적인 기술입니다. 밥을 먹거나 화장실을 가거나 몸을 단장하거나 옷을 입고 벗는 등 아이가 스스로 할 수 있는 일상의 생활습관 전반을 가리킵니다. 일상생활에서 익힐 수 있는 자조기술 활동 중에는 손의 조작능력을 높일 수 있는 활동이 많이 포함되어 있습니다. 매일매일 규칙적으로 할 수 있는 일들이 많기에 아이가 스스로 하는 환경을 만들어 주는 것만으로 충분합니다.

24~30개월	☐ 숟가락으로 음식을 푸고 입으로 가져온다. ☐ 한 손을 사용해 작은 컵으로 마신다. ☐ 도움을 받아 칫솔로 이를 닦는다. ☐ 혼자서 손의 물기를 닦는다. ☐ 끌러진 옷을 벗는다.
30~36개월	☐ 한입 크기의 음식을 포크로 찍어 먹는다. ☐ 옷 앞면에 달린 큰 단추를 잠근다. ☐ 신축성이 있는 셔츠를 혼자 벗는다.

36~48개월	☐ 숟가락으로 약간만 흘리면서 혼자 먹는다.
	☐ 물 주전자에 담긴 물을 컵에 따른다.
	☐ 부츠 외에는 도움 없이 신발을 신을 수 있다.
	☐ 머리에서부터 뒤집어쓰는 옷을 벗는다.
	☐ 바지나 재킷 앞쪽의 지퍼를 도움 없이 열 수 있다.
	☐ 수도꼭지를 돌려서 틀고 잠근다.
	☐ 지적해 주면 코를 닦는다.
	☐ 약간의 도움을 받아 몸을 씻는다.
48~60개월	☐ 조금만 도와주면 양말을 신는다.
	☐ 거의 흘리지 않고 숟가락으로 음식을 먹는다.
	☐ 혼자서 용변을 보지만 뒤처리는 도움을 받는다.
	☐ 끝부분이 채워진 옷 앞부분의 지퍼를 잠근다.
	☐ 스스로 세수를 하고 물기를 닦는다.
	☐ 칫솔로 이를 닦고 헹구고 뱉는다.
	☐ 빗으로 머리를 빗을 수 있다.
	☐ 옷에 달린 간단한 단추를 채우거나 끄를 수 있다.
	☐ 머리부터 입는 옷을 약간의 도움만으로 입는다.
60개월~	☐ 칼로 부드러운 음식을 자른다.
	☐ 옷을 완전하게 입을 수 있다.
	☐ 신발 끈을 묶는다.
	☐ 리본이나 매듭을 묶는다.
	☐ 혼자서 몸에 비누칠을 하고 씻을 수 있다.

05
손 모양에 따라 감각통합 처방이 다르다

연필 올바르게 잡는 법

우리가 연필을 쥐기 위해, 돌이 되기 전부터 꾸준히 손가락을 발달시킨다는 사실을 알고 계신가요? 본격적인 크레용 쥐기는 만 1세부터이지만, 돌 전부터 손가락과 손바닥으로 장난감을 쥐고 두드리고 빼고 떼고 꽂고 담는 연습을 하면서 크레파스, 색연필, 연필을 쥘 수 있는 손 감각을 연습합니다.

그래서인지 아이들이 연필을 쥐는 손 모양은 각 발달과정마다 달라집니다. 이것은 마치 우리가 태어나자마자 달리기를 할 수 없는 것과 같은 이치이지요. 엄지, 검지, 중지로 연필을 잡고 정교하게 글씨를 쓰기까지는 오랜 시간에 걸친 훈련이 필요합니다.

　아이들이 필기구를 잡는 과정은 다음과 같습니다. 손바닥 전체로 연필을 잡다가 손가락으로 고정하는 법을 연습한 다음, 손가락을 따로 움직이면서 엄지, 검지, 중지로 연필을 잡고 세밀하게 움직이는 것이죠. 그래서 발달과정에 맞는 잡기 연습이 반드시 선행되어야 합니다.

　연필은 삼점 잡기 방법으로 잡는 것이 제대로 된 연필잡기 방법입니다. 먼저 연필을 중지로 받치고 엄지와 검지 사이의 공간인 웹 스페이스(web space)에 연필 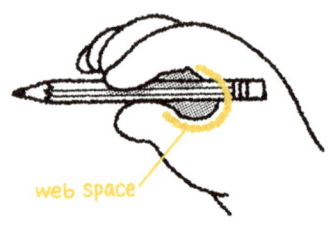 을 놓은 다음 엄지와 검지로 연필을 흔들리지 않게 고정합니다. 그리고 소지와 약지를 구부려서 바닥을 지탱해 주어야 연필을 잡은 손가락이 좀 더 자유롭게 움직일 수 있습니다.

　간혹, 삼점 잡기가 어려워서 아이 마음대로 편하게 잡으려는 경우도 있습니다. 이런 자세는 선을 그을 때도 한계가 있고 문장을 쓰기 시작한다면 손에 힘이 많이 들어가기에 교정이 필요합니다.

만 1~1.5세
손바닥 전체로 크레파스나 색연필을 잡는다.

만 2~3세
손가락이 연필 끝을 향하도록 붙든 채 손등이 보이게 잡는다.

만 3.5~4세
엄지, 검지, 중지로 삼점 잡기를 할 수 있다. 엄지와 검지 사이에 링이 만들어지고 나머지 손가락이 조금씩 구부러져 있다.

만 4.5~6세
성인과 동일한 형태로 연필을 잡을 수 있다.

연필 교정기가 없다면 이렇게 교정하라

연필을 처음 잡는 아이에게는 삼점 잡기 자세가 익숙지 않아 어려울 수 있습니다. 그런 경우에는 연필에 끼우는 연필 교정기를 추천하지만, 아직 연필을 사용하기에 어린 나이이거나 당장 연필 교정기가 없을 때는 다음의 방법을 추천합니다.

1. 색연필을 사용할 때

그림을 그릴 때 색연필 잡는 것을 어려워한다면, 두 가지 방법을 활용해 보세요. 손에 힘이 없어서 색연필을 쥐기가 어렵다면, 첫 번째 방법은 손가락이 닿는 위치에 휴지를 감아서 두껍게 만드는 것입니다. 잡는 부분이 두꺼워지면 좀 더 쉽게 잡을 수 있고 손가락에 힘이 과도하게 들어가는 것을 막을 수

있습니다. 매번 휴지를 감고 빼는 것이 힘들다면 '백업'이라는 스펀지로 된 재료에 구멍을 뚫어 연필을 끼우고 빼면서 활용하는 것도 좋습니다.

두 번째 방법은 스펀지를 이용하여 T자 모양의 교정기를 만들어 사용하는 것입니다. 스펀지(백업도 가능)를 아이 손 크기에 맞게 굵기를 조절해 잘라서 색연필에 고정합니다. 이때 스펀지는 아이의 손보다 더 길어서는 안 됩니다. 이런 T자 모양은 손바닥 안쪽 공간을 채워 주어서 아이가 색연필을 한결 수월하게 쥘 수 있습니다. 이렇게 하면 스펀지를 손바닥으로 쥐고 엄지와 검지는 연필을 잡듯 자세를 만들어 줄 수 있습니다. 이 방법은 숟가락을 쥐는 힘이 약한 아이에게도 도움이 됩니다.

2 · 연필 교정기가 없을 때

당장 연필 교정기가 없다면 고무줄을 활용하는 것도 좋습니다. 손에 힘이 없는 아이라면 연필을 사용하다가도 손가락이 연필심 쪽으로 자꾸 미끄러져 내려가곤 합니다. 그때 연필에 고무줄을 감아 놓으면 손가락 위치를 고정할 수 있습니다.

연필 쥐는 연습을 시작할 때는 아이에게 맞는 연필 교정기

를 찾아 사용하거나 점보 연필이나 손가락 홈이 패어 있는 교정 연필을 추천합니다. 그리고 4B나 2B 연필심처럼 선이 굵고 글씨체가 선명한 연필로 먼저 연습해 보는 것도 추천합니다.

연필을 꽉 쥐기 위한 환경 조성하기

아이가 초등학교 입학을 앞두고 있다면 연필을 바르게 잡는 것에 대해 조바심이 생깁니다. 우리 아이가 연필을 바르게 잡을 수 있도록 집에서도 쉽게 따라 할 수 있는 다양한 연필 잡기 연습과 보조 도구를 소개합니다.

1. 연필 못 잡는 아이, 유형마다 방법이 다르다

- 약지와 소지가 잘 구부러지지 않는 경우

약지와 소지 아래쪽의 손바닥 부분에 안정감을 높일 수 있는 폼폼이나 백업 조각, 클레이 등을 쥐여 줍니다.

- 연필 잡는 자세를 유지하지 못할 경우

양말을 이용해서 손 전체의 모양을 잡아 줄 수 있습니다. 헌 양말을 엄지와 검지 위치에 맞게 자르고, 양말을 손에 끼워 자른 구멍으로 엄지와 검지만 나오게 합니다.

- 손가락 힘이 부족해 연필이 미끄러지는 경우

연필을 바르게 쥘 수는 있지만 손가락에 힘이 없어 연필이 자꾸 미끄러지는 경우라면 보통 교정기를 연필에 끼워 사용합니다. 당장 교정기가 없다면 고무줄을 감아 연필을 쥐어 보세요. 손가락이 미끄러지는 걸 막아 줍니다.

- 연필을 수직으로 세워서 잡는 경우

엄지와 검지 사이의 공간에 연필을 걸치지 않고 연필을 수직으로 세워서 잡는다면, 머리끈과 고무줄로 연필과 손목을 연결시켜 연필의 기울기를 조절할 수 있습니다.

2 • 내 아이에게 맞는 필기도구를 찾아라

처음으로 필기를 연습할 때는 교정 그립 사용을 추천합니다. 교정 그립에 익숙해졌다면 좀 더 난이도를 높여 아래와 같은 교정기로 바꿔 주세요. 그리고 연필은 HB보다는 힘을 덜 주어도 진하게 쓸 수 있는 B나 2B 제품을 선택하는 것이 좋습니다. 점보 연필 혹은 홈이 패어 있는 교정 연필을 사용하면 적은 힘을 들여 글씨를 쓸 수 있습니다.

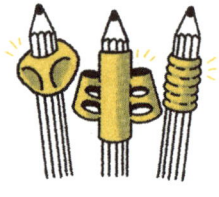

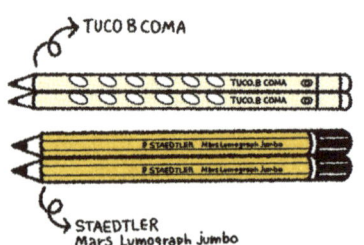

3 · 연필 쥐기에 좋은 놀이를 일상화하라

연필 쥐기에 도움이 되는 놀이를 자연스럽게 접한다면, 아이와 부모가 스트레스를 받지 않고도 자연스럽게 대근육과 소근육을 발달시킬 수 있습니다.

우선 놀이터에서는 그네, 철봉, 구름사다리 등으로 매달리기를 해 보며 쥐는 힘을 키울 수 있는 놀이를 자주 하는 것이 도움이 됩니다.

날씨 때문에 실내에 머무는 시간이 많아졌다면 고무줄, 집게, 핀셋, 이쑤시개, 면봉, 가위, 집게, 신발 끈 등 쉽게 구할 수 있는 재료를 추천합니다. 아이의 서툰 동작에 부모님이 참견하거나 대신하기보다는 느리더라도 아이가 직접 가지고 놀면서 연습해 보면 틈틈이 소근육을 발달시킬 수 있습니다.

> Tip

패드학습을 많이 하는 아이들의 감각통합 관리법

원격수업과 패드로 하는 학습방법이 우리의 일상 속으로 파고들면서 패드를 사용하는 아이들이 정말 많아졌습니다. 연령도 점점 낮아지고 있고 선행의 속도와 난이도는 점점 높아집니다. 왜 패드학습을 하는지 물어보면, 다른 아이들도 벌써 학습을 시작하고 있기에 또래 아이들에게 뒤처지지 않으려면 어쩔 수 없다고 생각합니다. 또 어떤 부모님은 "스마트폰을 보는 것보다 낫지 않을까요?" 하면서 사용하는 분도 꽤 많았습니다.

패드학습 프로그램에는 유용한 콘텐츠가 많고 간접경험을 할 수 있는 유익한 정보도 가득합니다. 하지만 학령기 전 아이들이라면, 신중하게 생각해야 합니다. 우리 아이들의 상황을 예로 들어 볼까요?

학습패드 속에 처음 보는 과일이 있습니다. 우리는 그 과일을 화면으로 접하고 먹는 모습을 보면서 어떤 맛인지를 짐작합니다. 하지만 패드로 보았다고 해서 그 과일을 완벽하게 이해한 것일까요? 이 과일은 이런 모양이고 이런 맛이라는 단편적인 지식만 습득한 것이지 그 정보를 오롯이 알고 있다고 말할 수 없지요. 그건 마치 '눈 감고 코끼리 다리 만지기'와 같은 겉핥기식 정보입니다. 물론 세상의 모든 것을 몸으로 느끼고 체험해 볼 수는 없습니다. 그러나 한창 세상을 배워 가는 우리 아이들이 눈으로 보고 습득하는 방법으로 학습을 이어 가서는 안 된다는 의미입니다.

특히 학령기 이전, 유아 단계의 아이들은 추상적인 개념을 이해하기 어려운 나이입니다. 그렇기에 몸을 사용하고 감각을 경험하면서 생각을 확장하고 개념을 이해해야 합니다. 눈으로만 학습을 한다면 뇌를 발달시킬 수 없습니다.

그리고 패드학습, 스마트폰은 아이가 생각할 수 있는 기회를 빼앗습니다. 아이들이 보는 패드 속의 영상은 무척 화려하고 화면 전환 속도도 빨라서 이런 자극에 익숙한 아이들은 이와 비슷한 강도의 자극에만 뇌가 반응하게 됩니다.

사고력을 담당하는 이마엽을 발달시키기 위해서는 생각할 수 있는 기회를 많이 주고 다양한 것들을 경험하며 정보를 쌓아야 합니다. 이마엽은 말 그대로 머리 앞쪽에 있는 뇌를 말합니다. 이마엽은 합리적으로 판단하고 대인관계능력과 실행능력을 담당합니다. 또한 감정 및 자기조절능력, 집중력, 단기 기억력 등 학습과 직결되는 아이의 뇌가 발달되는 과정에는 이마엽을 포함한 뇌 전체를 자극하는 외부감각(오감)과 내부감각(고유수용성감각, 전정감각)이 필요합니다. 이런 경험은 태블릿 학습만으로는 쌓을 수 없습니다. 직접 체험하고 경험해야 뇌가 골고루 발달되기 때문입니다.

패드학습은 보조적인 도구로 쓰되 우선순위가 되어서는 안 됩니다. 아이가 이미 패드학습을 하고 있다면 아이가 패드로 본 것을 직접 만들어 보거나 체험관을 찾아다니면서 그 주제로 아이와 이야기를 나누는 시간을 따로 가져야 합니다.

part 02

손에 힘이 없는 아이, 자세를 먼저 잡아라

01
모든 문제는
자세에서 시작된다

바른 자세를 잃어버린 요즘 아이들

요즘 아이들은 부모 세대보다 체력이 떨어져 있고, 성인이 되어서야 겪었던 거북목, 굽은 등과 같은 나쁜 자세로 인한 후유증을 앓고 있습니다.

국민건강보험공단에서 발표한 자료에 따르면, 20세 미만의 어린이 또는 청소년의 목 디스크 발병 환자가 2008년 약 4,545명에서 2011년에는 5,587명으로 4년 사이에 20퍼센트 이상 증가했습니다. 더욱 충격적인 것은 스마트폰이 본격적으로 보급되기 시작한 2010년부터 2015년까지 10대 어린이의 목 디스크 진료비 증가율은 19.6퍼센트로 전체 연령

대 가운데 가장 높은 것으로 조사되었고, 20대는 13.1퍼센트로 두 번째로 높은 증가율*을 보였습니다. 이처럼 다양한 통계에서 볼 수 있듯이 잘못된 자세로 인해 목이나 허리통증을 겪는 나이가 점점 어려지는 추세입니다.

그리고 2022년 과학기술정보통신부에서 발표한 스마트폰 과의존 실태조사**에 따르면, 스마트폰 사용으로 인한 신체적 불편을 경험한 청소년의 비율이 무려 38.8퍼센트에 이르러 전체 연령 중 가장 높은 응답을 보였습니다.

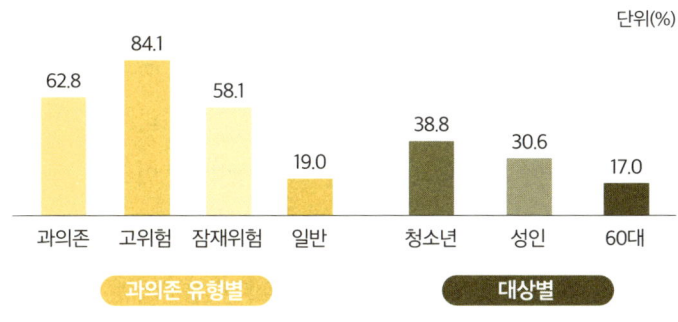

[스마트폰으로 인한 신체적 영향 경험 비율]

* 국민건강보험공단 의료비 통계, 보건복지부, 2008-2015
** 스마트폰 과의존 실태조사, 과학기술정보통신부, 2022

교실에 앉아 있는 아이들의 자세를 보면 손으로 턱을 괴고 삐딱하게 앉는 아이, 등받이에 허리를 기대고 엉덩이를 앞으로 쭉 빼서 걸터앉는 아이, 심지어 수업시간이 길어지면 책상에 거의 엎드리는 아이들까지 다양한 신체적 문제를 겪고 있습니다. 집에서도 상황은 별반 차이가 없지요. 소파에 기대거나 뒹굴면서 TV를 보거나 바닥에 앉아 쪼그린 자세로 머리를 숙인 채 책을 읽거나 하루 종일 스마트폰을 내려다봅니다. 바닥에서 블록을 쌓거나 자동차를 밀거나 인형놀이를 하고 놀 때 허리를 구부정하게 굽히고 앉거나 무릎을 바깥쪽으로 구부려 W 자세로 앉기도 합니다. 이런 모습을 보면 아이들이 어떻게든 최대한 허리 힘을 사용하지 않으려는 인상을 줍니다. 흐느적거리거나 주로 누워 있는 연체동물 같은 아이들 모습을 보면 부모는 속이 참 답답해집니다. "허리 펴!"라고 말해도 그때뿐 아이는 익숙한 자세로 돌아오기 때문입니다.

등이 굽고 머리가 앞으로 쭉 나온 모습은 요즘 아이들이 흔히 겪는 문제입니다. 이보다 더 심각한 경우에는 걸을 때 고개를 앞으로 내민 채 두 손은 축 처져 있고 무릎은 안으로 굽혀진 자세로 비틀비틀 걷기도 합니다. 영화에서만 보던 좀비와 같은 모습이 곧 우리 아이들의 체형과 자세로 굳어질 수 있습니다.

'우리 아이는 등이 굽은 정도는 아니니 괜찮아'라고 생각하는 분도 있을 겁니다. 유아 시기에는 자세가 눈에 띄게 안 좋은 경우가 아니라면 자세 문제를 발견하는 일이 쉽지 않지만, 학령기에 가까워지면 나쁜 자세로 진행될 만한 전조 증상이 도드라지는 아이들이 참 많습니다. 스마트폰이나 태블릿을 많이 사용하는 아이, 조금만 움직여도 힘들어하거나 몸이 흐느적거리는 아이, 동작도 굼뜨고 어설픈 아이라면 지속적인 관찰이 필요합니다. 왜냐하면 이 아이들은 작은 화면을 보기 위해 머리를 숙인 자세로 앉는 경우가 많고, 조금만 움직여도 힘들어하는 아이는 벽이나 의자에 삐딱하게 걸터앉아서 허리 근육을 사용하지 않기 때문입니다. 이런 나쁜 자세들은 코어 발달 기회를 줄여 근력을 점점 약해지게 합니다. 결국 이런 아이들은 굽은 등을 가질 확률이 높습니다.

나쁜 자세는 신체 발달뿐 아니라 뇌 발달에도 영향을 미치기에 거북목, 굽은 등이 되지 않도록 아이들의 자세를 자주 관찰해야 합니다. 그렇다면 굽은 등을 예방하기 위해서는 어떤 노력을 해야 할까요?

바른 자세가 자존감을 높인다

아이가 의자에 앉아 있을 때의 바른 자세는 허리를 등받이에 붙이고 발은 지면이나 발 받침대에 올려놓는 자세입니다. 무릎 관절은 약 90도로 구부려 앉아야 하며 허리에 힘을 과하게 들이거나 지나치게 꺾이거나 가슴을 너무 들지 않아야 합니다.

서 있을 때의 바른 자세는 귀, 어깨, 엉덩이, 무릎 발목이 일직선상에 놓이는 자세, 즉 척추가 자연스러운 만곡을 이루는 자세입니다. 한마디로 배를 집어넣고 엉덩이를 올리는 기분이 들 정도로 힘을 주며 꼿꼿이 걸어야 바른 자세를 유지할 수 있다는 의미입니다.

"그렇다면 왜 바른 자세를 가져야 할까요?" 많은 분들에게 이런 질문을 해 보면 대부분 허리가 휘어 키가 자라지 않기 때문이라고 답합니다. 네, 그것도 맞습니다. 바른 자세를 유지하다 보면 척추와 관절 주변의 근육이 튼튼해져서 뼈가 잘 성장할 수 있기 때문입니다.

그러나 바른 자세를 유지해야 하는 이유는 비단 그뿐만이 아닙니다. 키 성장에도 영향을 줄뿐 아니라 신체를 인지하는 능력, 운동을 습득하는 능력, 과제에 몰두하는 능력과 학습을 배우는 능력, 자신감과 같은 정서적인 부분에까지 영향을 미치기 때문입니다.

나쁜 자세는 뇌에 감각자극을 전달하는 과정에서 오류를 일으킬 수 있습니다. 이 과정에서 균형감각을 습득하는 데 부정적인 영향을 주어 대근육 발달을 방해하기도 합니다. 우리의 몸은 바른 자세를 유지하기 위해 지속적으로 뇌에 감각정보를 입력합니다. 하지만 흐느적거리거나 기대거나 누워 있는 시간이 많으면 뇌에 올바른 감각정보가 제대로 전달되지 않습니다.

나쁜 자세는 내 몸에 대한 잘못된 정보를 지속적으로 뇌에 입력하고 결과적으로 아이는 자기 몸을 상황에 맞게 움직이지 못해 몸동작이 어설퍼 보일 수 있습니다.

그리고 바른 자세는 자신의 신체 축을 올바로 인지하는 데도 도움을 줍니다. 신체의 축을 인지한다는 것은 자신이 어떤 자세를 취하고 있는지를 뇌가 파악해 균형을 유지하면서 손발을 적절한 속도와 거리, 위치에 맞게 움직일 수 있게 하는 일입니다. 또한 학습을 하거나 과제에 몰두하기 위해서는 의자에 바로 앉아 자세를 유지하는 지구력이 필요합니다. 마지막으로 바른 자세는 아이에게 외적으로나 내적으로 자신감을 심어 줍니다.

그러므로 바른 자세를 가져야 하는 이유를 단순히 키 성장에만 국한하지 말아야 합니다. '때가 되면 좋아지겠지' 하고 위안을 삼으며 방치하지 말고 아이가 성장기 골든타임을 놓치지 않도록 자세를 점검해야 합니다.

나쁜 자세가 성장을 더디게 한다

나쁜 자세를 가진 아이들 가운데 유독 눈에 띄는 자세가 있습니다. 첫째는 오리처럼 엉덩이와 배가 나온 경우이고, 두 번째는 거북이처럼 등과 목이 구부정한 경우입니다. 양상은 조금씩 다르지만 이 두 가지 자세는 아이의 성장과 발달을 저해하기에 우리 아이가 이런 모습을 보인다면 반드시 교정해 주어야 합니다.

1 · 오리처럼 엉덩이가 나온 아이

아이가 똑바로 섰을 때 오리처럼 엉덩이가 튀어나와 있다면 골반이 앞으로 기울어져 있거나 무의식중에 허리를 뒤로 젖히는 경우가 많습니다. 이런 자세를 가진 아이들은 배를 앞으로 불룩 내밀고 있거나 두 발끝이 안쪽으로 휜 안짱다리로 걷기도 합니다.

이 자세를 가진 아이들은 몸통에 힘이 없어서 중력에 대항하여 자세를 유지하는 것이 어려우며, 몸을 바로세울 때에도 코어 근육 대신 주변의 다른 근육으로 몸을 지탱하는 경우가 많습니다. 성장기에 이런 자세를 바로잡지 못한다면, 장시간 앉아 있거나 서 있지 못하는 일이 잦아져 학업에 집중하기가 어렵습니다.

2 · 거북이처럼 구부정한 아이

거북이처럼 구부정한 자세를 가진 아이들은 골반이 뒤로 기울어져서 허리가 등 쪽으로 굽어 있으며 엉덩이가 납작한 모습입니다. O모양으로 다리가 휘어 있는 경우도 많습니다.

이 자세는 주로 스마트 기기를 사용할 때 장시간 목을 앞으로 내미는 습관 때문에 나타납니다. 목과 몸통을 정렬하는 근육들이 약해지면서 거북이처럼 구부정한 자세가 되며, 성장기에 이를 바로잡지 않으면 목과 허리 그리고 골반의 통증을 유발할 수 있습니다.

등 굽은 아이, 작은 습관에서 시작된다

1 · 안전한 육아 고집, 운동이 부족한 아이가 된다

굽은 등의 원인은 영유아 시기부터 쌓아 온 잘못된 습관 때문일지도 모릅니다. 신생아 때부터 접하는 장난감과 육아용품 중에는 세련되고 편리한 것이 많지만, 그런 편리함 때문에 육아용품 의존도가 높아져 대근육 발달을 방해하는 경우가 많습니다. 그중 가장 대표적인 것이 바로 유모차와 보행기입니다.

이런 육아용품은 요즘 부모들에게는 없어서는 안 될 정도로 흔한 '필수 육아템'이지만, 뒤집고 기어다니고 걷는 아이의 다양한 움직임을 제한하여 척추 주변의 근육 성장을 방해합니다. 보행기나 유모차에서 같은 자세로 오래 머물다 보면 중력에 의해 신체의 특정 부위만 하중을 받게 됩니다. 이러한 자세가 누적되면 걸음걸이와 자세도 불안정하게 변할 수 있습니다.

요즘에는 잘 걷거나 뛰어다닐 수 있는 만 4~5세 정도의 아이들도 유모차나 왜건을 타는 경우가 많습니다. 두 발로 걷지 않고 유모차로 장시간 이동하다 보면 척추 주변의 근육을 튼튼하게 키울 기회를 놓치게 됩니다. 이런 습관이 굳어진 아이들은 조금만 걸으면 힘들다며 안아 달라고 떼를 쓰곤 합니다. 직접 기어다니고 걷고 뛰면서 사물과 공간에 대해 이해해야 할 시기에, 부모가 대신 이동시켜 주고 아이는 가만히 눈으로만 세상을 본다면 뇌 발달과정에도 자극이 줄어듭니다.

더 큰 문제는 어린이집, 유치원, 학교에 입학하면서부터 시작됩니다. 학습을 위해, 친구를 만나기 위해, 예체능을 배우기 위해 태권도나 발레 같은 운동을 배우는 학원에서 하루에 50~60분씩 매일 운동을 하면 충분하다고 생각하지만, 그 정도 운동량은 아이의 대근육 발달에 턱없이 부족합니다. 아이들은 몇 시간씩 밖에서 뛰어놀면서 몸을 사용해야 대근육이 발달(균형, 자세, 협응 등)하기 때문입니다. 그러나 요즘 아이들은 바깥에서 놀다 보면 다칠까 걱정하는 부모의 과도한 보호로 마음껏 뛰어놀거나 궁금한 것을 만지지 못합니다. 조금만 위험해 보이면 "안 돼!", "위험해!"라고 소리치며 아이를 제지하고 있지 않은지, 자신의 육아방식을 돌아봐야 합니다.

물론 예전보다 위험 요소가 많은 사회인 것은 분명합니다. 그러나 위험한 환경을 걱정하며 아이의 행동을 제약하기보다는 안전하게 놀 수 있는 공원과 숲, 놀이터로 데려가 마음껏 몸을 사용하며 놀 수 있게 해야 합니다. 지나치게 안전을 강요하고 편안함만을 추구한다면 이러한 행동들이 오히려 아이의 발달을 방해하고 굽은 등을 유발할 수 있음을 기억해야 합니다.

2 · 스마트폰 사용 환경이 아이의 자세를 망친다

아이들은 본능에 충실합니다. 부모님이 똑바로 앉으라고 말을 해도 잠깐 들을 뿐, 다시 원래 자세로 되돌아오는 이유도 바로 그 때문입니다. 그러나 한번 익숙해진 나쁜 자세와 습관은 고치기가 무척 어렵습니다. 습관을 고친다는 것은 어른들도 의식적으로 꾸준히 노력해야 가능한 일이기 때문입니다.

현대 사회의 생활 환경은 굽은 등을 유발하는 요소들이 가득한데, 자세를 무너지게 하는 대표적인 주범이 스마트폰입니다. 요즘에는 돌도 안 된 아기가 스마트폰을 조작하는 모습을 흔히 볼 수 있습니다. 휴대용 태블릿이나 스마트폰을 사용하다 보면 자연스럽게 머리를 숙이며 내려다보게 되는데, 이 자세가 누적되면 굽은 등과 거북목으로 굳어집니다.

요즘 아이들은 푹신한 소파에서 뒹굴거리거나 소파 팔걸이를 베고 누워서 TV를 보거나 소파 대신 바닥에 앉아 TV를 보거나 책을 읽기도 합니다. 그뿐만이 아닙니다. 아기 때부터 다리를 W 자세로 모은 채 바닥에서 놀이를 하기도 합니다. 하지만 네 발로 기는 시기에 일시적으로 나타났다 곧 사라져야 할 W 자세를 오래 지속한다면, 척추와 골반을 지지하는 근육이 제대로 발달되지 못하기도 합니다. 특히 신체의 협응능력, 균형감, 민첩성이 떨어지며, 만성적으로 W 자세를 취하는 아이들은 달리기를 할 때 뒤뚱거리며 뛰기도 합니다. 두 발 또는 한 발로 점프하는 것을 어려워하거나 놀이터의 장애물이나 평균대를 건널 때 균형을 유지하기가 힘들며, 줄넘기나 자전거 타기와 같은 균형감이 필요한 운동을 어려워합니다.

굽은 등, 성장 속도를 느리게 한다

엄마 "현수야, 가방 무겁게 들지 말랬지?
왜 자꾸 구부정한 자세로 다녀. 허리 펴!"

현수 "안 무겁게 하고 다녀.
그리고 매일 허리 펴고 다닌단 말이야."

엄마 "매일 스마트폰만 보니까 자세가 삐뚤지!
아휴, 속상해! 어서 스트레칭하고 공부해!"

현수 "나, 목이랑 머리 아파서 공부 못할 것 같아."

엄마 "공부하기 싫어서 또 핑계 대는 거 봐."

현수 "아니야, 진짜 아프다니깐. 엄마 미워!"

그렇다면 굽은 등은 아이들의 성장에 어떤 영향을 줄까요?

첫 번째로, 키 성장과 근력의 발달을 방해합니다. 나쁜 자세로 인해 코어 근력이 약해지면 척추 주변을 안정적으로 지탱할 수 없어서 신체를 가지런히 정렬하기가 어렵습니다. 또한 이것은 뼈 성장을 방해하기도 합니다.

두 번째는 코어 근력이 약화됩니다. 거기에 움직이는 것보다 앉아 있거나 누워 있는 생활습관까지 겹친다면 점차 체력이 떨어져 활동적인 놀이를 버거워하게 됩니다.

세 번째로, 코어가 약하고 자세를 유지하는 일이 어려워지면 균형을 잡고 손과 발을 협조적으로 사용하는 대근육 활동에도 제약을 느끼게 됩니다. 이런 아이들은 운동을 할 때 동작이 서툴고, 심한 경우 자기 발에 걸려서 넘어지기도 합니다. 꼭 운동할 때가 아니라 거리를 걸을 때도 자주 넘어집니다. 그리고 거북목, 굽은 등처럼 나쁜 자세가 습관이 된 아이는 신체의 축인 몸의 기준점을 인지하는 것이 어렵기 때문에 내가 어떤 자세로 서 있는지 내 신체 부위가 어떤 상태인지를 파악하지 못해서 균형을 유지하거나 몸을 쓰는 일에 서툰 경우도 많습니다. 그런 까닭에 일상생활을 할 때에도 모든 동작들이 어색하고 부자연스럽습니다. 이렇게 자신의 몸에 대한 인지가 낮은 아이는 운동을 배울 때 몸동작을 눈으로 확인하거나 거울에 비친 자신의 모습을 확인하면서 배우는 것이 도움이 됩니다.

마지막으로 거북목과 굽은 등은 목과 허리의 통증을 유발합니다. 나쁜 자세로 인해 거북목이 되면 목이 뻣뻣해지면서 근육통을 앓을 뿐 아니라 신경이 압박되거나 눌릴 수 있습니다. 또한 뇌의 신경반응을 신속하게 처리할 수 없어 반응 속도가 느려집니다. 그뿐만 아니라 거북목과 굽은 등처럼 고개를 앞으로 내밀고 어깨를 안으로 움츠리면 척추가 비정상적인 곡선을 이루기에 허리와 목 근육에 부담이 가서 요통과 두통을 유발합니다.

굽은 등이 학습동기를 떨어트린다

몸에 힘이 없고 자세가 바르지 않은 아이들은 대체로 목과 몸통의 근력과 근 긴장도가 부족합니다. 이런 문제를 가진 아이들은 안구 운동능력이 미숙하게 발달할 가능성이 있습니다.

전혀 다른 부위처럼 느껴지는 목과 눈이 서로 영향을 주고

받는 이유는 무엇일까요? 우리 눈은 정말 조그마한 사물에도 초점을 맞출 수 있고 글자의 위치에 따라 눈을 미세하게 움직일 수도 있습니다. 그런 덕분에 줄을 바꿔 읽어야 할 때도 빠뜨리지 않고 다음 줄로 옮겨 가며 볼 수 있지요. 이처럼 눈을 조절하는 안구 운동능력은 눈의 미세한 움직임을 가능하게 합니다.

이처럼 안구 운동능력이 발달하기 위해서는 머리가 신체의 중심축에 제대로 놓여 있어야 하고, 안구를 감싸고 있는 근육들이 적절하게 발달해야 합니다. 안구 주변의 근육 덕분에 우리가 움직이는 물체를 놓치지 않고 주시할 수 있고, 머리를 돌렸을 때도 눈동자의 초점을 제대로 맞출 수 있는 것이죠.

이 같은 안구의 움직임은 태어나면서 서서히 발달하는데,

태어난 지 6개월 정도 되면 아이의 눈 움직임이 제법 자연스러워집니다. 물체의 움직임을 따라 보기도 하고 물체가 움직이는 것을 예상해서 움직일 곳에 미리 초점을 맞추기까지 합니다. 이렇듯 안구의 움직임은 인지 발달에도 영향을 주며, 양쪽 눈의 움직임을 잘 조절해야 주변 환경과 사물을 주의 깊게 인식할 수 있고, 그런 움직임은 입체적인 사물을 인지하는 과정에도 영향을 줍니다. 목 근육과 몸통 근육이 중요한 이유가 그 때문입니다. 예를 들어 설명해 볼까요? 파도에 출렁이는 보트에서 책을 읽으면 머리와 몸이 계속 움직여 글자를 읽기가 어렵습니다. 즉, 책을 읽기 위해서는 머리와 몸이 안정되어 있어야 한다는 의미입니다.

학교에서 칠판에 쓰인 글자를 눈으로 따라 읽으며 공책에 옮겨 적기 위해서는 시선을 옮기는 능력과 어느 곳을 보고 있었는지를 기억하는 인지능력이 필요합니다.

우리가 안구를 움직이면서 적절하게 얻는 시각정보들을 뇌로 보내는 과정에서 시지각 능력(눈으로 본 정보가 뇌로 입력되면 예전 경험과 통합하면서 처리하고 반응하는 두뇌활동)을 발달시킬 수 있는데, 시지각 능력은 만 3~7세 사이에 급속도로 발달해 학습의 기초가 됩니다. 특히 읽기, 쓰기, 셈하기와 같은 교과

학습의 전 과정에 시지각은 중요한 요소입니다. 그렇기 때문에 우리 아이의 운동 발달과 바른 자세는 학습을 위해 꼭 필요한 부분입니다.

그 외에도 우리가 학습을 하기 위해서는 적절한 주의집중이 필요한데, 자세가 바르지 않거나 스스로 움직임을 조절해 바른 자세를 유지하지 못하는 아이는 적절한 각성 수준을 유지하는 데 필요한 감각정보들(전정감각, 고유수용성감각)을 뇌에서 잘 인식하지 못하게 됩니다. 각성이란 각종 신경이 활동 중인 상태, 즉 뇌가 깨어 있는 상태를 말하는데, 일상생활 중에는 적절한 각성 상태를 유지(신경이 적절한 수준으로 활동)하다가 잠을 자거나 쉴 때는 각성이 낮아집니다.

하지만 각성조절에 어려움이 있는 아이는 뇌가 더 많은 감각자극을 요구하는 탓에 부산스럽고 산만한 행동을 자주 보입니다. 그래서 각성조절이 어려운 아이는 주의를 주거나 훈육하는 것만으로는 개선하기가 어렵습니다. 이 아이들은 지적을 받는 경험이 많기 때문에 정서적으로도 위축되어 불안감이 높아지기 쉽습니다.

이러한 정서적 안정감은 아이들이 학습을 할 때 무엇보다 중요합니다. 안정된 정서를 가진 아이는 새로운 것을 배우는 속도가 빠를 뿐만 아니라 바른 자세를 기초로 다양한 운동을 시도하면서 무엇이든 도전해 보고 싶은 성취욕구가 높아지고 이는 자신감으로도 이어집니다. 이런 경험을 해 본 아이들은 새로운 것을 배우고 도전하는 것을 두려워하지 않습니다. 그런 반면 굽은 등과 나쁜 자세로 몸이 흐느적거리는 아이들은 새로운 운동을 배울 때나 놀이를 할 때 잦은 실패를 경험하게 되고 이는 결국 자신감과 자기 효능감을 떨어뜨려 '난 잘하는 게 아무것도 없어'라는 자책으로 이어집니다. 그런 마음을 가지다 보면 새로운 것을 배워야 할 때 문제를 회피하게 되고 조금만 어려워도 금세 포기하는 습관으로 이어질 수 있습니다.

○ 어떻게 도와주면 좋을까? ·············
굽은 등을 예방하는 신체활동 5가지

굽은 등, 라운드숄더, 거북목은 이제 어른들만의 문제가 아닙니다. 지금 당장은 아이의 등이 심각하게 굽거나 거북목처럼 보이지 않고 목도 허리도 아파하지 않으니 괜찮다고 생각하는 경우가 많습니다. 하지만 자세는 하루아침에 망가지지 않습니다. 작은 습관들이 쌓이고 누적되면 어느 순간 갑자기 통증이 찾아옵니다. 아이가 어린 경우에는 '아직 어린데, 뭘…… 자라면 괜찮아지겠지!' 하고 넘어가기 쉽지만, 성장기의 아이들일수록 굽은 등을 예방하는 신체활동이 필요합니다. 이때 가장 좋은 방법은 움직이는 시간을 늘리는 것입니다. 가족과 함께 줄넘기, 자전거, 걷기 등과 같은 운동을 하거나 친구와 뛰어놀 수 있는 시간을 주세요.

다음 페이지에 나온 다섯 가지 활동은 굽은 등을 예방하는 놀이입니다. 부모님과 함께 이 활동들을 실천해 보면서 즐거운 몸 놀이 시간을 가져 보세요.

활 만들기 — 만 3세 이상

배를 바닥에 대고 매트 위에 엎드립니다. 그런 다음 몸을 활처럼 만들어서 양손으로 양발 혹은 발목을 잡습니다. 머리와 가슴을 위로 끌어올리면서 10초 이상 자세를 유지합니다.

무지개 만들기   만 3세 이상

매트 위에 바르게 누운 채 양쪽 다리를 벌려 무릎을 세웁니다. 양손은 귀 옆쪽 바닥에 놓고 어깨와 배를 들어 줍니다. 몸을 활처럼 만들어 10초 이상 정지하는 것을 추천합니다. 체형 때문에 맨몸으로 하기가 어렵다면 짐볼을 허리에 받치고 이 자세를 유지하면 됩니다.

친구와 등 대고 하늘 보기   만 3세 이상

신장과 체중이 비슷한 두 아이가 매트 위에 등을 대고 바르게 앉습니다. 이때 두 아이의 간격은 주먹 하나가 들어갈 정도로 유지하면 됩니다. 서로 팔짱을 끼고 등을 댄 채로 한 명씩 상대방의 등 위로 누워야 하고, 이 동작을 10회 이상 반복합니다.

물구나무 서기   만 3세 이상

물구나무 서기는 자세를 똑바로 할 수 있어야 가능한 동작입니다. 벽을 지지대로 삼아 물구나무 서기를 할 수 있도록 도와주세요. 처음에는 자세를 잡는 것을 어려워할 수 있으니 부모님이 다리를 잡아 주고 아이가 버틸 수 있을 만큼만 시도합니다.

철봉 매달리기   만 2세 이상

철봉에 매달리는 활동은 팔과 손의 근력을 길러 줄 뿐만 아니라 중력의 영향으로 몸을 곧게 펴 줍니다. 학교 운동장이나 공원에서 아이와 함께 매달리기 연습을 하는 것도 좋습니다.

'등 펴'라는 말 대신 환경을 바꿔라

운동을 아무리 열심히 해도 바른 자세가 습관이 되지 않으면 운동한 시간이 도루묵이 됩니다. 가장 중요한 것은 바른 자세를 습관으로 고착하는 것이죠.

아이들은 어른처럼 의지가 강하지 않은 데다 본능적으로 편한 자세를 추구합니다. 그렇기에 바른 자세를 유지할 수 있는 생활 환경을 만들어 주는 것이 중요합니다. 생활 속의 작은 변화가 아이에게 평생의 습관이 될 수 있기에 의자, 책상, 신발의 선택과 바닥에 앉을 때의 자세에 관한 꿀팁을 알려 드립니다.

1 · 아이 체형에 맞는 책상과 의자를 선택하라

실내 생활의 비중이 커지고 어린 나이부터 앉아서 학습을 하는 시간이 많아짐에 따라 예전보다 집에서, 기관에서, 학교 등지에서 아이들이 앉아 있는 시간이 길어졌습니다.

착석하는 일이 잦아진 환경은 피할 수 없지만, 우리 아이의 허리 건강은 책상이나 의자, 신발 등을 아이의 체형에 맞춰 선택하는 작은 노력만으로 충분히 바꿀 수 있습니다.

우선 의자를 고를 때에는 아이의 신체에 맞는 것을 선택해야 합니다. 유아나 초등 저학년의 경우 키에 맞는 책상을 사용하기도 하지만 이 시기에는 대부분 식탁에서 밥을 먹고 학습을 하는 경우가 많습니다. 식탁은 대부분 어른 사이즈의 높이이기 때문에 아이가 주로 식탁에서 생활을 한다면 의자의 높이를 조절해 주어야 합니다. "아이는 금방 자라는데 굳이 아동용 의자가 필요할까요? 성인 식탁 의자에도 충분히 앉을 수 있는데요?"라고 생각할 수 있습니다. 하지만 그런 안일한 생각이 아이의 자세를 망친다는 것을 많은 부모님들이 간과합니다. 아동용 의자의 경우 신체 사이즈에 맞춰 높이를 조절할 수 있는 모델이 있으니 아이의 키와 체형을 참고하여 구입하는 것이 좋습니다.

그리고 책상은 높이가 낮으면 거북목 자세를 유발합니다. 책상을 구입할 때 높이 조절이 되는 제품을 선택하되 의자는 앉았을 때의 무릎 각도가 90도 정도가 좋습니다. 발바닥이 바닥에 닿거나 발판에 수평으로 완전히 닿아야 하고 발판이 없다면 발바닥이 닿을 수 있는 지지대를 놓아 주어야 합니다. 팔꿈치는 책상에 살짝 닿는 정도여야 하기에 높이를 조절할 수 있는 의자를 추천합니다. 그리고 엉덩이로 앉는 면은 너무 딱딱하면 허리 근육의 긴장도와 피로도가 높아지므로 체중이 지지되고 분산되는 적절한 쿠션감이 있는 의자를 선택해야 합니다.

2 · 바닥에 앉을 때의 자세를 체크하라

온돌 생활을 하는 우리나라는 바닥에 앉는 시간이 많습니다. 하지만 바닥에 오랫동안 앉아서 생활하면 골반과 척추에 무리가 갈 수 있습니다.

바닥에 앉으면 골반이 뒤로 기울어지고 허리는 구부러지고 머리는 앞으로 내미는 복합적인 문제로 이어지기 쉽습니다. 바닥에 앉을 때는 가능하면 벽에 기대거나 방석을 이용해 경사를 만들어 주는 것이 좋으며, 엉덩이와 허벅지 밑에 방석을 넣어 앉되 방석을 여러 개 겹쳐 적절한 높이를 만들면 골

반의 각도를 잡아 줄 수 있습니다. 매번 방석을 겹쳐 쓰기가 힘들다면 무빙시트도 추천합니다. 무빙시트는 정확한 자세를 유지시켜 주는 에어방석으로, 주로 의자에 놓고 사용하지만 아이가 바닥에 앉아서 TV를 볼 때에도 유용합니다.

또한 아이가 W 자세로 바닥에 앉는다면 자세를 고쳐 주세요. W 자세는 무릎을 바깥쪽으로 구부려 앉는 자세인데, 힘이 분산되어 코어 발달을 방해합니다. 또한 골반 근육과 다리 근육을 짧게 만들며, 팔을 뻗고 상체를 움직이는 동작에도 방해가 됩니다. 즉 W 자세는 아이의 키 성장, 뇌 발달에 두루 악영향을 미치는 습관입니다.

이 자세로 자주 앉는 아이라면 코어운동을 시작해야 하고, 바닥보다는 의자에 앉아서 활동할 수 있도록 지도해야 합니다.

3 · 아이 신발, 디자인이 전부가 아니다

성장기 아이들의 신발은 디자인만 보고 골라서는 안 됩니다. 아이의 발과 몸에 맞는 신발을 고르고, 신발 사이즈는 반드시 정사이즈로 신어야 합니다. 그리고 발바닥에는 족궁이라는 아치 부분이 있는데, 이 아치가 낮거나 평평한 아이들은 체중이 한쪽으로 과도하게 실리기 때문에 자세가 급격히 나빠질 수 있습니다.

  자세가 바르지 않고 족궁이 낮은 아이들은 되도록 샌들, 구두, 부츠와 같은 딱딱하고 무거운 신발보다는 발에 꼭 맞는 운동화를 신는 것이 적합합니다. 그리고 필요한 경우 발바닥 아치 모양을 만들어 주는 깔창을 착용하는 것도 좋습니다.

02
허리와 엉덩이 힘을 키워 주는 자세 만들기

흐트러진 자세, 성적으로 연결된다

'공부는 엉덩이로 한다'라는 말을 아시나요? 지금의 부모님 세대가 어린 시절에 많이 들었던 말입니다. 물론 엉덩이를 붙이고 오래 공부한다고 해서 성적과 비례하는 건 아니지만 공부를 할 때 앉아 있는 힘은 무엇보다 중요한 요소입니다.

초등부터 고등까지 12년의 긴 학업의 레이스를 이어 가는 동안 아이는 엉덩이로 앉아서 내가 무엇을 학습해야 하는지, 부족한 게 무엇인지를 생각하고 계획해야 하기 때문입니다.

앉아 있는 힘을 기르기 위해서는 코어 발달이 필수입니다. 코어 근육은 자세를 바르게 유지시켜 주는 데 도움을 주기 때문입니다.

그럼 코어 근육이란 무엇일까요? 코어 근육은 인체의 중심부인 척추, 골반, 복부를 지탱하는 근육입니다. 한마디로 인체의 중심 근육이지요. 코어의 힘이 부족하면 의자에 앉을 때도 등받이에 기대듯이 앉기 때문에 바른 자세를 유지하기가 어렵습니다.

자세를 바르게 하라고 아이의 등을 찰싹 때리고, 어깨를 바르게 붙잡아도 소용이 없습니다. 자세가 틀어진 근본 원인을 알아야 아이에게 도움을 줄 수 있기 때문입니다. 그러기 위해서는 몸속 코어의 힘을 키우는 일이 관건입니다.

코어 근육이 잘 발달되어 있으면 의식적으로 힘을 쓰지 않아도 좋은 자세를 오래 유지할 수 있습니다. 왜냐하면 순간적으로 강하게 당기고 미는 근육과 자세를 유지하는 근육은 다르기 때문입니다.

하지만 코어가 약한 아이는 자세를 유지하기 위해 불필요한 근육을 보상적으로 사용하며 그 과정에서 에너지와 집중력이 과도하게 소진됩니다. 그래서 금방 지치고 피곤하고 집중력도 떨어지는 거죠. 그렇다면 앞서 말한 '공부는 엉덩이로 한다'는 말도 아주 틀린 표현은 아닐 겁니다. 코어가 약하면 자세뿐 아니라 학습에도 영향을 주기 때문입니다.

약해진 코어 근육, 팔다리의 발달을 방해한다

모든 운동의 기초가 되는 코어 근육은 대근육 발달에도 큰 역할을 합니다. 왜냐하면 코어 근육은 몸의 중심인 척추와 골반이 흔들리지 않게 지지하면서 몸의 균형을 잡아 주기 때문입니다.

코어 근육이 중요한 이유는 아이의 발달과정에서 찾아볼 수 있습니다. 아이는 왜 굳이 뒤집고 기고 서기를 한 다음에 걸음마를 할까요? 바로 서고 걷기 위해, 몸의 중심부를 튼튼하게 하기 위해 이 과정을 밟아 왔던 겁니다. 아이가 네 발 기기를 하면서 척추와 골반 주변의 근력과 관절이 충분히 발달되면 그제야 일어서서 걸음마를 할 수 있기 때문입니다.

그리고 처음 걸음마를 할 때는 아장아장 걷다가 하체의 대근육과 몸통의 코어가 더 안정되면 빠르게 달리거나 점프를 할 수 있게 됩니다. 그렇기 때문에 이 근육이 튼튼해야 바른 자세를 유지할 수 있고 팔, 다리의 움직임을 스스로 제어할 수 있습니다. 예를 들어 골프의 스윙 동작을 생각해 보면, 골프공을 강하고 정확하게 치기 위해서 몸통의 중앙이 흔들리지 않는 안정된 모습으로 스윙을 하려고 노력합니다. 이렇게 몸의 중심이 안정되어 있어야 팔과 다리, 사지의 강한 힘과 정확한 움직임을 만들어 낼 수 있습니다. 그래서 손가락에 힘이 없는 아이는 몸속의 코어 힘도 부족할 가능성이 있습니다. 코어 근육은 팔다리의 움직임을 만들어 내는 중요한 역할을 하기 때문입니다.

"선생님, 우리 아이는 손힘이 너무 약해요.
어떤 손 운동을 해야 할까요?"

이런 질문을 갖고 상담하러 오시는 부모님들이 정말 많습니다. 물론 손가락의 힘을 기르는 활동도 꼭 필요하지요. 하지만 그보다 중요한 것은 코어 근육입니다. 코어 근육의 발달을 놓치게 되면 아무리 손가락 훈련을 해도 손힘과 조작능력의 발달이 미비할 수 있습니다. 몸통의 중앙 부위가 안정된 상태에서 움직여야 팔다리에 힘이 전달되고 제어할 수 있기 때문입니다.

우리의 몸은 전신이 긴밀하게 연결되어 있어서 한 부분만 운동해서는 성장과 발달을 뒷받침할 수 없습니다. 아이의 소근육이 약하다고 해서 손만 보지 마시고 몸 전체를 훑어보며 체크해야 합니다. 몸에 관한 위험 신호는 자세와 행동으로 나타나게 마련입니다.

글씨 쓰기, 그리기, 색칠하기, 가위질과 같은 미세한 손 조작을 어려워하거나 점프, 달리기, 자전거 타기 등의 신체활동이 서툴거나 집중하기 어려운 아이라면 코어를 강화시키는 운동을 병행해야 합니다.

터미타임은 코어운동의 시작이다

그러면 코어 발달은 어떻게 도와줘야 할까요? 답은 간단합니다. 아이가 많이 움직이면 됩니다. 움직이고 싶어 하는 아이의 욕구를 충분히 발산시켜 주세요. 왜냐하면 우리 아이들은 본능적으로 목을 가누는 그 순간부터 터미타임(Tummy Time)을 통해 코어운동을 시작하기 때문입니다.

터미타임은 아이가 깨어 있을 때 엎드려 노는 것을 말하는 데, 아이가 온전히 제힘으로 이 자세를 유지하면서 목과 몸통에 자극을 주면 근육이 발달합니다. 즉 터미타임이란 앉고 기어다닐 수 있는 척추 주변 근육을 발달시키는 과정입니다. 그러다가 약 9개월 정도가 되면 아이는 네 발로 기며 움직이기 시작하는데, 이 자세도 척추를 발달시키고 코어를 강화하는 자세입니다. 그리고 더 자라면 아이는 본격적으로 걷고 뛰면서 코어 근력을 키워 갑니다. 기어오르고 점프하고 매달리고 뛰어다니고 자전거를 타고 수영을 하면서 놀이를 통해 코어 근육을 발달시키는 단계입니다.

　코어 힘을 키울 수 있는 충분한 시간이 아이에게 주어졌는지, 아이가 어릴 때의 모습을 회상해 보세요. 부족했다고 생각된다면 지금도 늦지 않았으니 밖에서 신나게 놀 수 있는 기회를 많이 주어야 합니다. 아이에게 미안해하면서 죄책감을 갖지 않으셔도 됩니다. 지금 이 글을 보고 있는 자체만으로 아이를 이해하는 마음이 좀 더 커질 것이고, 이제부터라도 아이의 양육방법을 바꾸려고 조금씩 노력하면 됩니다. 이 같은 작은 시도와 노력들이 쌓인다면 우리 아이는 바뀔 수 있습니다.

노는 법을 아는 부모가 놀아 주는 법을 안다

놀이법과 운동법에 관한 정보는 이제 차고 넘치는 수준입니다. 책으로나 인터넷으로 아이에게 필요한 정보는 쉽게 얻을 수 있지만 막상 아이에게 적용해 보면 감정만 상하고 끝나는 일이 많습니다. 아이를 위해 일부러 시간을 내고 소도구까지 준비했는데, 그런 노력을 무색하게 만들 때면 내 아이지만 참 야속하게 느껴지고 아이와 잘 놀아 주지 못해서 속상하기도 합니다.

운동이나 놀이를 할 때마다 힘들다면 분명한 이유가 있습니다. 대부분은 아이와 노는 과정에서 놀이주도권을 어른이 빼앗았을 때, 그리고 아이가 놀이를 통해 배운다는 사실을 간과할 때 이러한 문제가 일어납니다. 평소 아이의 생각과 입장을 잘 이해하는 부모라면 아이의 눈높이에서 생각하니 접근이 수월하겠지만 대부분의 부모님들은 놀이가 노동으로 느껴지고 힘들다는 마음이 앞서곤 합니다. 그래서 아이와 놀기 전에는 부모님들도 순수하게 놀았던 어린 시절의 기억을 되새겨 볼 시간이 필요합니다.

얼마 전, 부모님들의 양육 스트레스 관리를 위한 강의를 한

적이 있었습니다. 그 시간에 부모님들과 함께 아이처럼 노는 시간을 가져 보았습니다. 잠기 놀이도 하고 낙하산 천을 만들고 그림도 그렸습니다. 활동이 끝나자 참여한 부모님들은 벅찬 감정이 담긴 얼굴로 이런 말을 했습니다. "이렇게 아이처럼 놀아 본 지가 언제인지 가물거려요. '노는 게 이렇게 재미있었구나' 하는 생각과 느낌을 떠올려 보니 아이와 놀아 주는 게 아니라 함께 놀고 싶다는 생각이 드네요."

이처럼 아이랑 잘 놀기 위해서는 어른도 잘 놀아야 합니다. 이날 참가한 많은 부모님들은 '어른 놀이터'가 있었으면 좋겠다고 말씀하실 정도로 어른에게도 놀이는 정말 필요합니다.

그러면 놀이가 정말 놀이답게 느껴질 때는 언제일까요? 그건 내가 원하는 만큼 움직이면서 놀이의 주체가 자신이 될 때입니다. 마지못해 하는 행위가 아니기에 즐거움과 행복감을 느끼는 겁니다. 따라서 아이들에게는 호기심 가득한 눈으로 세상을 탐색할 수 있게 해 주어야 합니다. 아이가 주체가 되어서 탐험도 하고, 레슬링이나 씨름을 해 보며 힘을 써 보고, 나뭇가지로 칼싸움하는 순간의 짜릿함은 직접 경험해 봐야 합니다. 이때 부모님이 "위험해! 내려와 다쳐! 어지럽게 돌지 마!"라고 제약하면서 놀이의 종류와 횟수까지도 부모님이 정해버린다면 수동적이고 통제적으로 변한 놀이에 아이는 금세 흥미를 잃고 딴짓을 하면서 놀이를 회피하게 됩니다.

그러면 부모님은 아이가 변덕스럽다고 생각하면서 꾹꾹 참아 왔던 화를 표출하고, 그런 일을 자주 겪다 보면 더더욱 아이와 노는 게 피곤하다고 느낄 겁니다. 아이가 호기심이 생겨 탐색을 하려고 한다면 부모님은 잠시만이라도 지켜봐 주세요. 어느 정도 높이에서 뛰면 위험한지를, 얼마만큼 빙빙 돌면 어지럽고 힘든지를 아이가 직접 느껴야만 그 한계와 안전의 기준을 아이가 스스로 세울 수 있습니다. 이처럼 놀이와 운동을 진행할 때는 여러 가지 선택지를 주고 아이가 직접 선택하는 것도 주체적인 운동과 놀이를 할 수 있는 방법 중 하나입니다. 이때 부모님과 상황극을 해 보거나 미션을 주고 완성하게 한다면 아이가 운동을 놀이처럼 즐길 수 있습니다.

엄마	"엄마 곰과 아기 곰이 겨울잠을 자야 한대. 겨울잠을 오래 자려면 많은 음식이 필요할 것 같은데 무슨 음식이 좋을까?"
아이	"과일이랑 고기가 좋을 것 같아요."
엄마	"우리 곰처럼 음식을 찾으러 기어가 볼까?"

아이와 놀이 겸 운동을 하는 방법에는 여러 가지가 있습니다. 꽃게 자세로 걷는 활동을 할 때에는 배 부분에 물건을 놓고 거실에 그려 놓은 트랙을 걸으며 누가 먼저 떨어트리는지 내기를 해도 좋고, 옆으로 몸 구부리기를 할 때에는 벽에 스티커를 붙이거나 물건을 주고받으며 놀이로 응용한다면 아이가 운동을 더 재미있게 받아들입니다.

○ 어떻게 도와주면 좋을까?
만 3세부터 시작하는 코어강화운동 10가지

우리 아이가 밖에서는 신나게 뛰어놀고 집에서는 가족들과 코어강화운동을 한다면 운동 시간이 충분합니다. 맞벌이라 시간이 없어도 괜찮습니다. 주말이나 평일에 틈틈이 시간을 내어 아이가 신나게 뛰어놀 수 있게 해 주면 됩니다. 야외에 나가기가 어렵다면 집에서 하는 운동만으로도 도움이 됩니다. 몸통, 복부, 그리고 골반 부위의 근육들을 강화시키는 다음의 10가지 동작을 아이와 함께한다면 부모님과의 건강한 애착 형성에도 도움이 됩니다.

교차 에어로빅　　　　　　　　　　만 3세 이상

바로 누운 자세로 오른쪽 팔꿈치는 왼쪽 무릎, 왼쪽 팔꿈치는 오른쪽 무릎과 닿도록 10회 이상 교차합니다. 이 놀이는 코어 근육을 강화시킬 수 있으며 팔과 다리를 교차하면서 협응동작을 배울 수 있습니다.

슈퍼맨 자세　　　　　　　　　　만 4세 이상

엎드린 자세로 양팔과 다리를 10초 이상 공중에 들어 올려 배만 바닥에 닿게 합니다. 이 동작은 중력에 대항하여 팔과 다리를 뻗고 유지하면서 전신의 근력을 강화합니다.

등산하기 자세   만 3세 이상

엎드린 자세로 바닥에 두 손을 짚고 팔은 곧게 편 상태로 유지합니다. 한쪽 발끝으로 바닥을 짚고 반대쪽 다리는 무릎을 굽혀 배를 향해 끌어올립니다. 이 동작은 전신의 코어 근육을 강화시킬 뿐만 아니라 팔의 근력과 관절의 안정성을 동시에 향상시킬 수 있습니다.

꽃게 걷기   만 3세 이상

바로 누운 자세에서 발바닥과 손바닥으로 바닥을 짚습니다. 그런 다음 엉덩이가 바닥에 닿지 않게 조심스레 올립니다. 이 놀이는 코어 근육을 강화시키며, 익숙하지 않은 자세이기에 몸 전체의 감각에 집중해 신체를 인지할 수 있습니다.

보트 자세 　　　　　　　　　　　　　　　　만 3세 이상

앉은 자세로 양팔과 양다리를 공중으로 들어 올립니다. 엉덩이만 바닥에 닿은 상태에서 10초 이상 자세를 유지합니다. 이 동작은 코어 및 전신의 근육을 강화시키며, 몸 전체의 감각을 인지하는 능력을 향상시킵니다.

플랭크 자세 　　　　　　　　　　　　　　만 3세 이상

엎드린 자세로 손바닥과 발가락을 바닥에 대고 버티는 자세를 10초 이상 유지합니다. 이 동작은 코어 근육을 강화시키며, 팔의 근력과 관절의 안정성을 향상시킵니다.

옆으로 구부리기   만 3세 이상

서 있는 자세로 양손을 잡아 머리 위로 들어 올립니다. 그 상태로 몸을 쭉 뻗고 오른쪽과 왼쪽으로 10회 이상 몸을 구부립니다. 이 동작은 코어 근육을 강화시키며, 몸 전체의 감각을 읽을 수 있는 신체 인지능력이 향상됩니다.

곰 걷기   만 3세 이상

손과 발만 바닥에 닿게 엎드린 상태로 앞으로 걸으며 나아갑니다. 이 놀이는 코어 근육을 강화시키며 팔과 다리에 고루 체중을 분산하여 팔다리 관절의 안정성을 향상시킵니다.

수영하기　　　　　　　　　　　만 4세 이상

엎드린 자세에서 왼손과 오른발, 오른손과 왼발을 교차하여 위아래로 10회 이상 움직입니다. 이 놀이는 중력에 대항하여 팔다리를 뻗고 유지하면서 전신의 근력을 강화시킵니다. 또한 팔다리를 교차하는 협응동작을 익힐 수 있습니다.

다리 만들기　　　　　　　　　　만 3세 이상

매트에 바로 누운 자세로 어깨, 팔, 발바닥은 바닥에 붙이고 골반을 위로 들어 올려 10초 이상 버팁니다. 이 동작은 코어 근육을 강화시키며, 몸 전체의 감각을 인지하는 신체 인지능력이 향상됩니다.

part 03

기초감각이 튼튼해야 손힘이 생긴다

01
몸과 마음을 성장시키는 감각을 깨워라

만 7세 이전에 통합감각을 잡아라

아이들은 태어나면서부터 외부에서 들어오는 오감과 내 몸 안의 움직임(내부감각)에 관한 다양한 감각을 경험합니다. 신체에 있는 감각수용기로부터 획득한 감각정보들을 통합하고, 이를 바탕으로 복잡한 과제에 도전할 수 있을 정도로 감각체계가 발달합니다.

예를 들면, 신생아도 주변의 상황을 보고 들으며 자신의 신체를 통해 전해지는 감각을 느낄 수 있지만, 아직 이 정보들을 통합시키는 데 미숙하기 때문에 내 몸에 닿은 물건의 모양이 어떤지, 어떤 소리인지를 알기가 어렵습니다. 하지만 아이가 자라는 동안 신경계가 통합되고 조직화되면서 다양한 감각의 의미를 이해하기 시작합니다. 집중해야 하는 감각과 불필요한 감각을 분류하는 방법을 배우는 과정이지요. 운동신경 또한 이와 마찬가지입니다. 돌 무렵에는 손으로 장난감을 잡고 빼고 두드리고 당기는 둔탁하고 서툰 움직임을 보이지만, 두 돌에서 세 돌 정도만 되어도 낙서를 하거나 블록을 끼우거나 선과 도형을 그리는 등 움직임이 더 섬세하고 정확해집니다. 이러한 감각정보의 통합은 아이가 언어를 배우고 감정을 조절하는 법부터 운동기능과 지적능력까지 발달시켜 줍니다.

'감각'이라고 하면 우리는 주로 오감(시각, 청각, 미각, 후각, 촉각)을 떠올리지만 실제로는 더 많은 감각기관이 존재합니다. 오감처럼 외부자극을 신체 감각기관으로 알아차릴 수 있는가 하면, 내부자극을 신체 감각기관으로 받아들여 알아차리는 감각도 있지요. 여기서 내부자극이란 근육과 관절, 인대를 통해 신체 위치와 움직임의 자극을 뇌에 전달하여 느끼는 '고유수용성감각'과 귀 안에 있는 감각 수용기를 통해 머리의 위치와 공간에서의 움직임과 균형에 대한 자극을 뇌에 전달하여 느끼는 '전정감각'을 지칭합니다.

모든 감각은 아이의 발달에 중요하지만 그중 아이의 발달을 이끌어 내는 데 큰 역할을 하는 것은 촉각, 전정감각, 고유수용성감각입니다. 이 감각들은 신생아 시기부터 환경과 상호작용하기 위한 가장 기초적이며 원시적인 감각이기 때문입니다.

아이가 감각정보를 주고받으며 완성해 가는 감각통합 과정은 만 7세까지의 시기가 가장 중요합니다. 아이들은 이 시기의 대부분을 어린이집, 유치원, 학교에서 보내는데, 이곳에서는 주로 읽기, 친구와 놀기, 점심 먹기, 그림 그리기, 노래 부르기, 글씨 쓰기(끼적이기)와 같은 다양한 활동을 경험합니다. 이 시기에는 손으로 하는 활동이 많은데, 그중에서도 뻗기, 쥐기, 옮기기, 손(손가락과 손바닥)으로 물건 조작하기, 양손 사용하기와 같은 동작들은 '촉각, 고유수용성감각, 전정감각'과도 밀접한 영향이 있습니다.

유아기에 흔히 접하는 '블록 쌓기'를 한번 생각해 볼까요? 블록을 멋진 모양으로 쌓기 위해서는 가장 먼저 손의 피부에 닿는 촉각을 통해 블록을 인식해야 하고, 고유수용성감각이 입력되어 근육과 관절을 조절해서 적절한 힘으로 블록을 잡고 놓아야 합니다. 그리고 정확하게 맞춰 쌓으려면 눈으로 본 시각정보를 정확하게 처리해야 합니다.

　마지막으로 전정감각과 고유수용성감각을 이용하여 바른 자세를 유지해야만 블록이 무너지지 않도록 정확하게 쌓아 올릴 수 있습니다. 즉, 블록활동은 단순한 쌓기가 아니라 여러 가지 감각자극이 서로 적절하게 통합되어야 하는 놀이라는 의미입니다.

　이처럼 유아기에는 몸과 마음의 수많은 감각을 깨우는 다양한 놀이와 신체활동이 무척 중요합니다. 우리 아이의 기초감각을 튼튼하게 하는 다양한 몸 놀이와 운동을 통해 아이의 오감을 깨워 주세요.

02

촉각
무슨 느낌이지?

손 발달에 도움이 되는 촉각을 길러라

촉각은 몸 전체의 피부 표면을 통해 주위에 있는 사물의 질감, 모양, 크기에 대한 정보를 제공하는 감각입니다. 피부감각, 통각, 고유수용성감각이 모두 '촉각'의 범위에 포함되며, 이들은 각각 다른 신경회로를 통해 전달됩니다. 촉각은 신경계를 통해 뇌에 경보신호를 보내는 '사이렌 역할'과 무엇을 만졌는지를 알려 주는 '정보 제공의 역할'을 담당합니다.

예를 들면, 어린아이가 도깨비 방망이 장난감을 만졌을 때 '흠칫' 하고 멈추는 것도 '만지면 안 돼!'라는 위험을 감지해 반사적으로 몸을 보호하는 행위입니다. 또한 촉각은 사람의 피부에 있는 수용기(recepter)를 통해 내 몸에 무엇이 닿았는지를 알려 주는 역할도 합니다. 장난감에 손끝이 닿는 순간, 손가락에 있는 촉각이 피부의 수용기를 자극하면 이 자극이 전기 신호로 바뀌어 척수, 뇌줄기, 시상을 거쳐 마루엽의 체성감각겉질까지 이동함으로써 어떤 감각인지 인식하는 과정입니다.

뿐만 아니라 촉각은 다른 감각들과 함께 통합하면서 움직임과 언어, 인지를 발달시킵니다. 예를 들면 오렌지의 촉감을 떠올려 볼게요. 우리는 오렌지를 만져 봤기 때문에 어떤 느낌인지를 상상하면서 다른 과일과 구별할 수 있습니다. 하지만 사진으로만 오렌지를 배웠다면 눈으로만 정보를 입력했기 때문에 오렌지 껍질의 촉감은 알지 못합니다. 그건 오렌지에 대해 완전히 아는 것이라고 말할 수 없는 거죠. 아이가 손으로 오렌지를 만져 보면서 촉각과 시각, 후각, 미각의 경험으로 오렌지를 배웠다면 눈앞에 오렌지가 없을 때에도 좀 더 수월하게 실제 감각을 알아차릴 수 있습니다.

이처럼 인지 발달을 위해서는 여러 감각의 통합이 이루어져야 하며, 그중에서도 촉각은 물건을 인식하고 변별하는 것을 도와주기에 아이의 인지 발달에 중요한 역할을 합니다. 촉각으로 풍부한 경험을 쌓을 수 있는 이유는 손의 피부 표면에 촉각을 느끼는 수용기가 많이 모여 있기 때문입니다. 그렇기에 촉각 경험을 풍부하게 쌓은 아이는 크레파스, 가위, 연필 등의 도구를 사용할 때에도 능숙할 뿐만 아니라 사람과 사물에 대한 촉각정보를 많이 갖고 있어서 사물의 속성을 구별하는 능력도 탁월합니다.

까다로운 아이 & 둔감한 아이

촉각은 신체적, 인지적, 정서적인 행동을 결정하는 데도 중요한 역할을 합니다. 아이가 또래에 비해 촉각을 처리하는 능력에 어려움이 있다면 사람이나 사물을 만지거나 낯선 무언가가 자신의 몸에 닿는 것을 두려워할 수 있으며 반대로 내 몸에 무엇이 닿았는지 알아채지 못하는 경우입니다.

촉각에 민감한 반응을 보이는 아이들은 갑작스러운 스킨십에 부정적인 감정을 느끼기도 합니다. 누가 자신을 만질 것 같다는 생각만으로도 불편한 감정이 표출됩니다. 이 아이들은 대부분의 촉각을 불쾌하고 무서운 것으로 지각하기에 과민한 행동(도망침, 얼어붙음, 놀람, 때림)을 보이기도 합니다. 촉각에 민감한 반응을 보이는 아이들은 포옹과 뽀뽀를 싫어하고 세수하기, 이 닦기, 목욕하기를 싫어하고 긁히는 정도의 경미한 통증에도 과도하게 반응하며 손이나 옷에 무엇인가 묻으면 참지 못하고 거칠거나 빳빳한 소재의 옷을 입는 것도 힘들어 합니다. 반대로 촉각이 둔감한 아이는 자신을 보호하는 데 필요한 촉각정보를 제대로 활용하지 못해서 쉽게 다치거나 통증을 바로 알아차리지 못하는 등 사건사고가 끊이지 않습니다. 다양한 감각을 변별하는 데도 어려움이 있어서 낯선 물건이나 대상에 대한 촉각 경험을 피하기도 합니다. 이런 좌절의 경험이 반복되면 가위, 크레용, 수저, 연필을 사용하는 데도 영향을 주어 어린이집, 유치원, 학교에서 위축감을 느낄 수 있습니다.

○ 어떻게 도와주면 좋을까?
촉각을 키우는 10가지 감각놀이

촉각이 민감한 아이들은 우리가 상상할 수 없을 만큼 고단하고 힘든 시간을 보냅니다. 그리고 촉각의 민감함을 잘 조절하지 못하면 때로는 대근육 발달과 소근육 발달에도 부정적인 영향을 줍니다. 민감한 아이를 키우는 것은 정말 힘들지만 아이 역시 아침에 눈을 떠서 잠들 때까지 쏟아지는 감각들이 시시각각 온몸을 괴롭히고 있으니 하루 온종일 짜증 나고 힘들 겁니다. 그렇기 때문에 부모는 아이의 어려움을 이해하며 조급함을 버려야 합니다.

일상생활에 어려움을 겪을 정도로 감각의 조절이 어려운 아이는 옷을 입고 밥을 먹고 잠을 자는 데 문제를 유발하는 감각자극을 낮춰 주어야 하기에 부모님의 역할이 무척 중요합니다.

아이가 불편해하는 감각자극들을 수시로 체크하면서 도움을 주어야 하기 때문입니다. 예를 들어 옷을 구입할 때는 최대한 아이가 편안해하는 옷감 위주로 고르고, 옷의 상표를 제거하거나 속옷이나 양말은 뒤집어 입히는 것도 방법입니다. 음식은 좋아하는 것에 싫어하는 것을 아주 극소량으로 첨가해서 기피하는 음식에 대한 예민도를 낮춰야 합니다. 그리고 음식에 대한 긍정적인 경험을 줄 수 있는 식재료 놀이를 아이와 함께하거나, 잠을 잘 때 방해가 되는 촉감, 소리, 빛을 조절해 주는 방법도 있습니다.

이러한 노력을 통해 아이가 일상생활에서 안정감을 느낄 수 있게 도움을 주어야 합니다. 그리고 피부의 촉각민감성을 낮추기 위해 틈틈이 꼭 껴안아 주거나 팔다리를 주물러 마사지를 해 주는 것도 추천합니다. 그리고 아이와 전신을 사용하는 대근육 활동과 손으로 할 수 있는 소근육 활동 놀이를 점차 늘리는 것도 좋습니다. 공놀이, 점프하기, 사다리, 매달리기, 장애물 활동을 포함한 신체활동이 그런 예인데, 이러한 대근육 활동은 민감성을 낮춰 주는 동시에 운동 발달을 향상시킵니다.

그리고 최대한 점진적으로 촉각을 경험하게 하면서 긍정적인 촉각 경험을 주는 것이 필요합니다. 새로운 대상에 대한 촉각 경험을 아이와 함께 천천히 점진적으로 해 보는 것을 목표로 삼고 물건이나 재료들을 만지는 경험을 늘려 주세요. 손으로 직접 만지는 것을 두려워한다면 도구를 사용하거나 비닐 팩에 넣어서 경험해 보아도 좋고, 손끝에 불쑥 닿는 것보다는 팔이나 다리 등 덜 예민한 피부 쪽으로 먼저 접하며 민감도를 줄이는 것도 방법입니다. 둔감한 아이나 무언가를 만지작거리면서 안정감을 얻는 아이라면 안전한 재료를 제공하여 충분히 만지고 놀 수 있는 시간을 주는 것이 필요합니다.

핑거 페인팅 놀이 만 2세 이상

손바닥, 발바닥에 서로 다른 색깔을 묻혀 종이에 찍는 놀이입니다. 이 놀이는 물감의 질감을 느끼면서 촉각을 깨울 수 있으며, 네 발 걷기로 손발을 찍는다면 신체를 인지하는 능력이 향상됩니다.

로션으로 그림 그리기 만 2세 이상

손과 거울에 로션을 짜서 문지르는 놀이입니다. 넓게 번진 로션 자국 위에 손가락으로 그림을 그리거나 글씨를 써 보는 것도 추천합니다. 이 활동은 거울의 딱딱한 질감과 로션의 부드러운 촉감을 동시에 경험할 수 있으며, 선이나 도형이나 글자를 배우는 시기에 더욱 흥미를 높일 수 있습니다.

소면 놀이 　　만 2세 이상

소면을 만지고 부러뜨리면서 촉감을 느껴 봅니다. 종이에 그림을 그리고 그 위에 물풀을 짜 놓은 다음 다양한 크기로 부러뜨린 소면을 뿌리는 것도 추천합니다. 소면을 뚝뚝 부러뜨리는 동안 다양한 촉감을 경험할 수 있으며, 여러 개의 소면을 한 손에 그러쥐고 부러뜨리면 손의 근력도 향상됩니다.

전분 액체 괴물 　　만 2세 이상

전분 가루에 물을 섞어 액체 괴물을 만드는 활동입니다. 물의 양을 적게 하면 찐득거리는 느낌이 나고, 물의 양을 많게 하면 묽게 풀리는 기분 좋은 촉감을 경험할 수 있습니다. 이 놀이를 통해서는 촉각의 변별능력을 향상시킬 수 있습니다.

카나페 만들기   만 3세 이상

치즈, 크래미, 슬라이스 햄, 토마토 등을 준비하고 재료를 잘라서 크래커 위에 차곡차곡 쌓아 카나페를 만듭니다. 여러 가지 식재료를 통해 다양한 질감을 경험할 수 있으며, 재료를 순서대로 쌓는 과정은 인지 발달에도 도움이 됩니다. 또한 편식이 심하다면 평소 싫어하는 식재료를 놀이에 활용하세요.

장난감 씻기   만 2세 이상

좋아하는 피규어에 비누 거품을 묻히고 솔을 이용해서 닦아 봅니다. 아이가 비누에 물을 묻히고 거품을 일으키는 과정에서 비누의 딱딱한 질감과 거품의 부드러운 질감을 동시에 느낄 수 있으며, 솔을 문질러 씻는 과정을 통해 손의 조작능력도 키울 수 있습니다.

뻥튀기 얼굴 만들기 만 2세 이상

다양한 모양의 뻥튀기와 과자, 젤리 등을 이용해서 나의 얼굴을 만들어 봅니다. 여러 가지 식재료를 만져 보면서 딱딱하거나 부드럽거나 말랑말랑한 다양한 촉감을 경험할 수 있으며, 얼굴을 관찰하고 눈, 코, 입의 구도를 배치하는 동안 신체 인지능력이 향상됩니다.

얼음 놀이 만 2세 이상

작은 피규어를 얼음 틀에 넣고 얼려 둡니다. 얼음이 완전히 얼면, 얼음 속에서 피규어를 꺼내 봅니다. 한여름에 하기 좋은 이 놀이는 온도에 관한 감각을 경험할 수 있으며, 도구를 활용하여 얼음을 깨는 과정을 통해 손의 근력을 향상시킬 수 있습니다.

꽃팔찌 만들기 　 만 3세 이상

종이로 팔찌처럼 띠를 만듭니다. 종이 바깥 면에 양면테이프를 두른 다음, 아이가 종이 팔찌를 차고 원하는 꽃과 잎으로 팔찌를 꾸미는 활동입니다. 이 놀이는 자연물을 만져 보면서 촉감을 경험할 수 있으며, 한 손으로 꽃을 잡고 다른 손에 붙이는 과정에서 양손의 협응능력을 높일 수 있습니다.

두루마리 휴지 놀이 　 만 2세 이상

두루마리 휴지를 길게 풀어 아이 몸에 둘러서 미라처럼 만들어 봅니다. 한 겹을 두른 곳과 여러 겹을 두른 곳의 강도(세기)를 아이가 직접 느낄 수 있고, 흔들고 뜯으며 미라 옷을 탈출하는 과정을 통해 신체 인지능력이 향상됩니다.

촉각이 정서와 사회성을 결정한다   Tip

아이는 엄마, 아빠와 신체접촉을 하면서 긍정적인 촉각을 경험합니다. 신뢰도가 높은 밀접한 사람과의 신체접촉은 안정적인 애착을 형성하는 데 도움을 주고 아이가 대인관계를 형성하는 데도 영향을 줍니다. 신체접촉을 통해 형성되는 긍정적인 경험은 안전한 환경에서 충분한 돌봄과 사랑을 받고 있다는 느낌을 아이에게 주기 때문입니다. 이처럼 편안한 촉각 경험은 안정적인 정서를 만들고 다른 사람과 서로 느낌을 주고받는 것에 대한 거부감을 줄여 줍니다. 촉각이 예민해 부정적인 반응을 보이는 아이들은 애착관계를 형성하는 것이 어려울 수 있으며 이 영향이 타인과 감정을 교류하거나 공감하는 일에도 영향을 미칩니다.

아이가 낯선 것을 만지거나 자신의 몸에 닿는 것을 싫어한다면 일상생활을 할 때도 하루 종일 불편하고 힘들 수 있으며 그런 어려움은 촉각에 둔감한 경우에도 마찬가지입니다. 이런 경우 또래 아이들과 놀이를 할 때도 어려움을 느낄 수 있습니다. 둔감한 아이는 세련되지 않은 거칠고 서툰 움직임 때문에 때리는 아이, 공격적인 아이로 보일 수 있고 민감한 아이는 접촉을 싫어해서 까다롭고 혼자 있기를 좋아하는 겁 많은 아이로 보일 수 있습니다. 그렇기 때문에 아이가 촉각에 부정적인 반응을 보인다면 다양한 경험을 통해 민감도나 둔감도를 조절해 주고, 정서적 안정과 사회성을 저해할 수 있는 요소를 줄여 주어야 합니다.

03
고유수용성감각
내 몸이 어디에 있지?

둔하고 예민하다면 고유수용성감각을 키워라

고유수용성감각은 시각정보 없이도 신체 및 관절의 위치와 움직임을 파악할 수 있는 감각입니다. 이 감각이 있어야 자세를 바르게 유지할 수 있고 상황에 맞게 신체를 효율적으로 움직일 수 있어서 우리는 매일 이 감각을 이용해서 활동합니다. 주머니 속에서 원하는 물건을 보지 않고 꺼낼 때나 걷기, 뛰기, 계단 오르내리기, 줄넘기, 자전거 타기를 하는 데도 필수적입니다. 또한 고유수용성감각은 각성을 조절하는 데도 도움을 줍니다. 각성이란 각종 신경이 뇌에서 활발하게 활동하는 상태인데, 일상생활 중에는 신경이 적절한 수준으로 활동해서 집중을 하며 과제를 수행할 수 있고 잠을 자거나 쉴 때는 각성이 낮아져 휴식 상태를 취합니다. 이렇게 상황에 따라 각성 상태가 적절하게 조절되어야 주어진 상황에 맞게 행동을 컨트롤하고 집중할 수 있으며, 이러한 각성을 조절하는 데 고유수용성감각이 많은 일을 합니다.

고유수용성감각은 촉각, 시각과 함께 눈으로 본 정보를 통하여 사물을 구분하고, 질감을 확인하고, 공간을 인식하면서 적절하게 쥘 수 있게 하고, 과제에 맞는 적절한 도구를 사용할 수 있도록 도와줍니다. 그렇기 때문에 학교 공부를 제대로 수행하기 위해서는 고유수용성감각을 꼭 키워야 합니다. 아이와 다양한 동작과 움직임을 시도해 보면서 내 몸의 위치와 힘을 직접 느껴 볼 수 있게 해 주세요.

힘이 없는 아이 & 어설픈 아이 & 산만한 아이

우리가 새로운 동작을 처음 익힐 때는 힘들지만 익숙해지면 신경 쓰지 않아도 자연스럽게 따라 할 수 있습니다. 하지만 자신이 어떻게 움직이는지를 인지하지 못하는 아이들은 새로운 동작을 배울 때 금세 익숙해지지 않고 매번 새로 배우는 것처럼 어렵습니다. 그래서 율동이나 새로운 운동을 배울 때면 거부하고 회피하게 되지요.

상민 "나 준혁이랑 놀기 싫어."
엄마 "왜 무슨 일 있어? 친구랑 싸웠니?"
상민 "친구들하고 축구 하고 싶은데 준혁이가
　　　나는 축구 못한다고 같은 편을 안 하겠대.
　　　그래도 놀고 싶어서 꾹 참고 축구를 했는데
　　　애들이 자꾸 나한테만 못한다고 해서 화가 나."
엄마 "많이 속상했겠구나."
상민 "난 왜 잘하는 게 하나도 없을까?
　　　나도 잘하고 싶은데…… 속상해."

고유수용성감각이 정보를 효과적으로 처리하지 못하면 내 신체가 어느 위치에 있는지, 어떤 자세로 있는지, 어느 정도 힘을 주어야 하는지에 대한 감각을 해석하기가 어렵습니다. 소위 '몸치'라고 생각할 정도로 몸의 움직임이 서툴기 때문에 신체활동에서 좌절하는 경험이 잦아집니다. 이런 문제는 '나는 할 수 없어', '잘하는 게 하나도 없어'라는 생각으로 이어져 자존감이 떨어지기도 합니다. 이 아이들은 움직이는 것을 좋아하지 않고 자세가 바르지 못하며 물건을 다루는 것이 서툴러서 너무 꽉 쥐거나 너무 느슨하게 쥡니다. 그러다 보니 뚜껑을 열기가 힘들거나 장난감과 연필을 잘 부러트리곤 합니다. 심한 경우 수저나 빗과 같은 일상생활에 필요한 도구를 사용하는 것도 어려워하고 옷을 입을 때면 지퍼 올리기, 단추 채우기와 같은 간단한 활동도 꼭 눈으로 보아야만 수행할 수 있습니다.

이런 문제를 겪는 아이들은 놀이터 활동을 좋아하지 않습니다. 점프하기, 한 발로 뛰기, 달리기, 구르기, 기어가기, 올라가기 등의 활동을 두려워하고 율동을 따라 하는 걸 어려워합니다. 반면, 어떤 친구들은 뛰어내리기, 부딪히기를 많이 하며 거친 놀이를 유독 선호하는 경우도 있는데, 이 또한 고유수용성감각을 효율적으로 처리하지 못해 나타나는 행동입니다.

'아직 어리니까 그런 거 아닐까요?'라고 생각할 수 있지만 부모는 전문가가 아니기 때문에 우리 아이 몸에 힘이 없거나 반대로 너무 많이 움직이는 아이들의 특징에 대한 이해와 접근이 어렵습니다. 아이가 나이에 맞지 않게 서툴거나 둔감하다면 전문가와 함께 아이의 특성을 파악해야 하고 이 문제가 아이의 발달에 부정적인 영향을 줄 만큼 심각한지를 제대로 판단해야 합니다. 대부분의 부모님들은 아이들의 이런 행동이 단순히 성격의 문제나 정서적인 문제라고 생각하기 때문에 훈육으로만 행동교정을 시도합니다. 그러나 감각 발달상의 문제는 훈육으로 고쳐지지 않기에 우리 아이의 행동을 좀 더 다른 시각으로 이해하고 도와주려는 노력이 필요합니다.

○ 어떻게 도와주면 좋을까?
고유수용성감각을 키우는 10가지 감각놀이

움직임이 둔하고 어설퍼 보인다면 자신의 신체가 어디에 위치하고 있는지 자각하는 것에 어려움을 느낄 가능성이 있습니다. 이러한 어려움을 가진 아이들은 거울을 통해 눈으로 매번 확인하지 않으면 내 몸이 어떻게 움직이는지를 파악하지 못하는 경우가 많습니다. 그래서 협응과 균형, 복잡한 움직임을 배우는 것에 어려움을 느낄 수 있고, 자세 유지를 힘들어하기 때문에 삐딱하게 앉곤 합니다. 이렇게 자세가 올바르지 않으면 내 몸의 중심축(신체축)을 형성하기가 어렵고, 축의 형성이 부족하거나 부적절한 경우 속도와 거리, 위치에 맞게 손발을 조화롭게 움직이는 일에도 방해가 됩니다.

장난감이나 연필을 잘 부수는 아이의 부모님에겐 "아이는 일부러 그런 것이 아니라 모든 활동에 최선을 다하고 있어요. 단지 어떻게 힘을 써야 하는지 잘 모를 뿐이에요"라고 말씀드리곤 합니다. 하지만 많은 부모님들이 왜 그런지를 이해하지 못하곤 합니다. 부모님에게는 힘 조절이 너무 쉬운 일이기 때문입니다.

우리는 근육을 구부리고 펼 때 얼마만큼의 힘을 사용해야 하는지 다양한 경험을 통해 배우면서 어른으로 성장합니다. 하지만 발달과정에 문제를 가진 아이들은 근육과 관절로부터 충분한 감각정보를 전달받지 못했을 가능성이 큽니다. 움직임이 어설프고 삐딱하게 앉아 있고 힘 조절이 어려운 아이라면 고유수용성감각을 풍부하게 키울 수 있는 환경에서 근육을 제대로 움직여 보면서 자신의 신체를 인지하는 놀이를 해야 합니다.

움직임이 많은 아이들이라면 아이가 즐길 수 있는 놀이를 충분히 할 수 있는 장소(공원, 놀이터, 산 등)에서 움직임에 대한 욕구를 채울 수 있는 시간을 주어야 합니다. 그러나 이와 반대로 움직이는 것을 싫어하는 아이들이라면 처음에는 간단한 운동을 반복하는 것부터 시작해야 합니다. 이런 과정을 통해 조금씩 안전한 범위에서 움직임을 늘려 가면서 아이가 움직이는 활동에 흥미를 가질 수 있게 해야 합니다.

거미줄 통과하기 — 만 2세 이상

고무줄이나 끈을 이용해서 거미줄처럼 장애물을 만듭니다. 그런 다음 끈에 몸이 닿지 않도록 조심스럽게 통과해야 합니다. 아이의 나이나 신체활동 정도에 따라 거미줄의 간격을 달리할 수 있으며, 이 놀이를 통해 자세를 조절할 수 있는 능력과 공간을 이해하는 시지각 능력이 발달됩니다.

페트병 옮기기   만 3세 이상

아이가 들 수 있을 정도의 생수 페트병을 반대편으로 옮기는 활동입니다. 무거운 페트병을 직접 옮겨 보면서 무게를 느끼고 힘을 조절하는 법을 배우게 됩니다. 이처럼 힘든 활동(heavy work)은 주의집중능력을 향상시킬 수 있습니다.

내 몸 그리기   만 2세 이상

아이의 몸을 그릴 수 있는 큰 종이를 준비하고 그 위에 아이가 눕습니다. 그런 다음 엄마가 색연필을 이용하여 아이의 몸 테두리를 그립니다. 그림이 완성되면 몸 그림을 함께 관찰하면서 몸의 생김새에 대해 이야기를 나누어 보세요. 그 과정에서 '나의 몸' 혹은 '인체'에 관한 신체 인지능력이 향상됩니다.

늘어나는 줄   만 3세 이상

라텍스 밴드를 두 손으로 늘려 봅니다. 밴드가 늘어나는 질감과 장력을 느껴 보면서 힘을 조절하는 경험을 할 수 있고, 팔과 손의 근력도 향상시킬 수 있습니다. 이처럼 힘든 활동(heavy work)을 하다 보면 주의집중능력도 향상됩니다.

계란 껍질 깨기   만 3세 이상

미리 씻어 말린 계란 껍질을 지퍼 팩에 넣거나 계란 껍질을 넓게 펴서 투명한 비닐을 덮습니다. 장난감 망치나 커다란 블록을 이용하여 계란 껍질을 깨는 활동입니다. 이를 통해 손의 힘 조절을 배울 수 있으며 손과 팔의 근력을 향상시킬 수 있습니다.

두꺼운 이불 위에 점프하기   만 2세 이상

두꺼운 이불이나 쿠션 위에 점프하여 착지하는 놀이입니다. 점프를 할 때에는 바닥으로 떨어지지 않도록 주의해야 하며, 이를 통해 신체 인지능력을 향상시킬 수 있습니다.

천으로 만든 터널 통과하기   만 2세 이상

기다란 천의 양쪽에 홀라우프로 통로를 만듭니다. 홀라우프가 없는 경우, 부모님이 천의 양쪽을 잡아 입구와 출구를 만들면 됩니다. 아이가 네 발로 기면서 터널을 통과하면 코어 및 팔과 골반의 안정성을 향상시킬 수 있고, 전신을 사용하는 힘든 활동(heavy work)을 통해 주의집중능력이 높아집니다.

신문지 놀이   만 2세 이상

엄마가 신문지의 양쪽 끝을 잡고 아이는 주먹이나 발을 이용해서 신문지를 격파합니다. 아이의 나이나 신체 발달 정도에 따라 신문의 두께를 달리하면 종이의 강도(세기)를 느낄 수 있고, 손과 팔의 근력도 향상됩니다.

서로 밀기   만 2세 이상

엄마와 함께 손바닥을 마주 댑니다. 아이는 엄마 방향으로, 엄마는 아이 방향으로 서로를 밀어 버텨야 합니다. 힘을 주어 밀어 보는 힘든 활동(heavy work)을 통해 주의집중능력을 높일 수 있으며 팔의 근력도 향상됩니다.

무릎으로 기어가기 [만 3세 이상]

양 무릎을 매트 위에 내려놓고 몸을 움직이며 앞으로 걸어가는 활동입니다. 발을 사용할 때보다 힘든 이 자세는 코어 근육을 강화시키며, 앞으로 나아가려는 행위를 통해 신체 조절능력이 향상됩니다.

Tip

착석을 어려워한다면

실내 활동의 비중이 늘어나면서 어린이집, 유치원에서 착석하는 시간이 길어졌습니다. 그래서 '산만하다', '활발하다'라고 피드백을 받는 아이의 부모님은 착석과 주의집중에 대한 고민이 많습니다.

착석이 어려운 아이에게는 여러 가지 원인이 있을 수 있습니다. 그 원인을 감각적인 측면에서 보면 아이가 외부자극에 민감해서 불쾌감 때문에 산만해지는 경우도 있고, 주변자극(소리, 빛 등) 가운데 필요한 정보만 얻고 나머지는 억제해야 주의집중을 할 수 있는데, 모든 자극이 다 신경 쓰여 주의가 흐트러지는 경우도 있고, 반대로 멍한 상태가 되어서 집중을 못하는 경우가 있습니다.

이처럼 산만한 아이들은 자신의 의지와 무관하게 반응하는 경우가 많기에 자리에 앉아 있으라고 요구하면 오히려 역효과만 불러일으킵니다. 효과적으로 각성조절을 하기 위해서는 아이에게 맞는 활동과 환경조성이 꼭 필요합니다. 몸을 충분히 움직일 수 있는 활동으로 촉각, 고유수용성감각, 전정감각을 입력하는 운동이 필요합니다. 각성이 낮은 아이든 높은 아이든 적절한 운동으로 각성을 조절해 주의집중을 향상시킬 수 있습니다. 또한 선생님 목소리에 집중하기 쉽도록 앞줄 구석 자리에 앉히거나 집에서 학습할 때는 집 안의 소리를 줄이고, 칸막이와 커튼 등을 사용하여 시각과 청각의 자극을 조절해 주면 아이가 더 집중하기 쉬운 환경이 됩니다.

04
전정감각
내 몸이 어떻게 움직이고 있지?

전정감각이 몸의 균형을 바로잡는다

전정감각은 우리의 머리와 신체가 땅 위에 어떻게 놓여 있는지에 대한 기울기, 중력, 가속의 정보를 전달합니다. 우리 몸이 움직이는지 멈추는지 어느 방향으로 가고 있는지 얼마나 빨리 가고 있는지 등을 가늠하는 데 전정감각을 쓰는 것이지요. 그래서 이 감각은 자세를 유지하고 균형을 유지하는 데 중요한 역할을 하며 우리가 균형이 무너진 경우 자세를 바로잡아 위험한 상황에서 내 몸을 지킬 수 있게 도와줍니다.

전정감각의 처리가 어려우면 근 긴장도가 떨어지고 자세를 똑바로 유지하는 능력에 영향을 주기에 아기일 때는 배밀이나 네 발 기기를 하지 않거나 걸음마가 늦어지는 경우도 있습니다. 커서는 등이 구부정하고 책상에 앉을 때는 손으로 머리를 받치면서 삐딱한 자세로 앉기도 합니다. 넘어질 때는 손을 뻗는 반응이 늦어서 얼굴을 다칠 수 있고 평균대나 자전거 등과 같은 운동을 어려워할 수 있습니다.

요즘 우리 아이들은 쉽게 피곤해하고 반듯하게 서거나 바른 자세로 의자에 앉는 것에 어려움을 느낍니다. 그런 아이들일수록 야외에서 충분히 많이 뛰어놀고 놀이터에서 기구들을 타며 전정감각을 풍부하게 경험해야 합니다. 이런 전정감각은 안구의 움직임과 시각 발달에도 영향을 주기 때문에 아이가 책을 읽을 때나 글씨를 쓰는 일에도 도움이 됩니다. 글자와 기호를 구별하면서 놓치지 않고 따라 읽을 수 있고, 글씨를 쓸 때는 칸과 줄에 맞게 쓰거나 띄어쓰기를 하는 등 시각의 역할에 도움을 줄 수 있는 감각이 바로 전정감각이기 때문입니다.

등 굽은 아이 & 겁 많은 아이 & 부주의한 아이

자세가 바르지 않은 아이는 코어 근력과 근 긴장도가 낮으며 자세를 유지하는 데 어려움을 보입니다. 이 같은 문제를 가진 아이들은 자세를 유지할 때 안정성이 낮아 앉아 있거나 서 있거나 움직일 때 우리가 보기에는 불편한 자세(쓰기를 할 때 팔꿈치를 옆구리에 붙이거나 서 있을 때 무릎을 단단히 모으고 버티는 모습)를 취하곤 합니다. 그러나 이러한 자세는 연필을 쥐거나 가위질을 할 때 세밀한 움직임을 불가능하게 합니다.

반대로 전정감각에 민감하게 반응하는 겁 많은 아이들은 움직이는 것을 싫어하거나 두려워하기도 합니다. 이 아이들은 빠른 움직임에 스트레스를 받으며 자동차에 타면 멀미가 심하고 자전거, 미끄럼틀, 그네를 싫어하며 심한 경우 걷는 것도 기피합니다. 두 발이 땅에서 떨어지는 걸 공포스럽게 느끼기 때문입니다. 이런 아이들은 예측하기 힘든 순간에도 공포를 느끼기 때문에 새로운 경험을 싫어하고 고집스럽고 융통성이 없어 보일 수 있으며 이런 성향은 불안정한 정서로 연결되어 놀이와 사회성 발달에도 부정적인 영향을 미칩니다.

그런 반면 전정감각을 많이 원하는 아이들은 물구나무 서기, 머리를 방바닥에 대고 빙글빙글 돌기, 가장자리에 매달리는 등 중력에 반하는 움직임을 좋아하고 정글짐과 같이 높은 곳에서 뛰어내리는 것을 좋아합니다. 빠르게 움직이는 것을 좋아하고 모든 것을 사다리처럼 오르려고 하며 그네도 많이 타고 싶어 합니다. 이렇게 많이 움직이는 동안에도 조심스러운 느낌보다는 거칠고 서툰 행동을 많이 보입니다.

다양한 감각과 많이 연결되어 있는 전정감각을 처리하는 데 어려움을 보이면 운동뿐만 아니라 행동, 주의집중, 자존감 및 정서안정에 방해를 받게 되므로 우리 아이의 전반적인 발달을 위해 전정감각이 풍부한 활동을 꾸준히 병행해 주어야 합니다.

왼손잡이 아이, 오른손 연습을 강요하지 마라

'뇌 발달을 위해서는 손을 많이 움직여라'라는 말을 많이 들어 보셨을 겁니다. 다양한 신체 부위 중에서도 손은 뇌의 많은 영역을 담당할 정도로 중요한 부위이고 손의 사용량이 뇌 발달과도 직결되는 것은 맞습니다. 뇌의 대뇌반구는 오른쪽과 왼쪽, 두 개로 이루어져 있어서 "그러면 양손을 쓰면 양쪽 뇌를 골고루 자극할 수 있지 않나요?"라고 생각할 수 있습니다. 물론 양손과 양발을 쓰면 뇌가 골고루 자극되는 건 맞지만, 그런 이유 때문에 우세 손이 해야 되는 역할을 비우세 손이 하도록 하는 것은 바람직하지 않습니다. 다르게 표현하면, 왼손잡이로 자랄 아이를 억지로 오른손잡이로 만들지 말라는 뜻입니다.

우리의 뇌는 양쪽 중 한쪽 대뇌반구가 운동을 우세하게 통제하는 역할을 담당합니다. 그래야만 뇌 기능의 역할 분담이 잘 이루어져 오른손과 왼손이 각각 다른 움직임을 해야 하거나 협응을 할 때 정교한 조작을 할 수 있습니다. 가위질하는 모습을 생각해 보면, 직선을 따라 자를 때는 주로 가위가 움직이면서 종이를 자르지만 좀 더 복잡한 모양을 자르려면 종이를 잡은 손을 움직여 가며 잘라야 합니다. 이렇게 양손의 협응이 어려우면 종이를 잘 오릴 수 없지요. 이처럼 우세 손과 비우세 손이 따로 발달되어야 하고 각자의 역할을 잘 수행해야 합니다.

오른손잡이, 왼손잡이라고 말하는 우세 손은 아기일 때는 손을 뻗고 물건을 쥐어 보다가 앉거나 서기가 안정될 무렵 소근육이 급속도로 발달하기 시작합니다. 이 시기에는 물건을 잡기 위해 자기 몸에서 가까운 위치의 손을 내밀기도 하지만 숟가락을 잡고 먹고 물건을 담고 빼면서 양손 중 점차 더 많이 사용하는 손이 나타나기 시작합니다. 그러다가 만 2~3세 정도가 되면 본격적으로 물건과 도구를 조작하면서 크레파스로 낙서를 하는 행동이 시작됩니다. 이 시기가 되면 주로 사용하는 손이 나타나고, 4세가 되면 가위질을 하거나 그림을 그릴 때 좀 더 우세한 손은 정교하게 조작하는 역할을 하고 비우세한 손은 지지하고 보조하는 역할을 하면서 소근육이 그에 맞게 발달됩니다. 이런 과정은 학령기에 접어들 때까지 손을 꾸준히 움직이며 확립되어 가는데, 왼손잡이 생활이 불편할까 봐 연필 쥐기, 가위질 등을 억지로 오른쪽으로 시키다가 아이가 양손을 사용하는 경우도 종종 있습니다. 그러나 이것은 아이의 소근육 발달과 뇌 발달 그리고 정서 발달에도 두루 좋지 못합니다. 아이가 사용할 손을 어른이 정해 주기보다는, 양손 중에서 더 잘 쓰는 손을 지지해 주어야 우뇌와 좌뇌가 각자의 역할에 맞게 제대로 발달합니다.

○ 어떻게 도와주면 좋을까?
전정감각을 키우는 10가지 감각놀이

전정감각에 민감한 반응을 보이는 아이들은 두 발이 땅에서 떨어지는 활동을 무서워하기 때문에 놀이터에 데리고 나가도 기구를 타지 않으려 할 수도 있습니다. 전정감각 경험이 아이의 발달에 좋다고 해서 억지로 그네나 미끄럼틀 같은 기구를 태우려고 해서는 안 됩니다. 무리하게 시도하면 아이는 자신감을 잃게 되면서 점점 더 그 활동을 회피하게 됩니다.

　아이에게 다양한 전정감각을 경험하게 할 때는 아이가 어느 정도를 할 수 있는지 관찰한 후 즐겁게 성취할 수 있는 정도의 경험치를 심어 주세요. 움직임이 많고 위험하게 전정감각을 찾아다니는 경우라면 아이와 함께 놀 수 있는 적당한 장소를 선택하고 그 장소 안에서도 활동범위를 정해 주어야 합니다. 처음에는 아이와 부모가 모두 힘들 수 있습니다. 하지만 꾸준히 가르치면서 기다려 준다면 어느 순간 아이의 조절 능력이 커질 겁니다.

옆으로 굴러가기　　　만 2세 이상

바로 누운 자세에서 팔과 다리를 쭉 펴고 원하는 방향대로 굴러 보는 놀이입니다. 이 활동을 통해 자세 조절능력과 균형감을 발달시킬 수 있으며, 전정감각을 통해 주의집중능력을 향상시킬 수 있습니다.

빙글빙글 돌기　　　만 2세 이상

빙글빙글 제자리를 돌아봅니다. '코끼리 코 돌기'도 이와 같은 형태의 놀이입니다. 이 활동은 자세를 '옆으로 굴러가기 놀이'와 마찬가지로 자세 조절능력과 균형감을 향상시키며, 전정감각을 통해 주의집중능력을 향상시킵니다.

매트 가장자리 밟고 걸어가기 만 3세 이상

매트 가장자리를 밟고 균형을 잡으면서 걸어가는 놀이입니다. 부모님 세대의 놀이터에서 흔히 볼 수 있었던 '평균대 걷기'도 이와 같은 효과를 가진 활동입니다. 자세를 조절하는 능력과 균형감을 높일 수 있으며, 두께가 얇은 매트를 활용한다면 걸음마를 뗀 아이들도 가능한 활동입니다.

앞구르기와 뒷구르기 만 3세 이상

몸 놀이에 익숙한 아이들이라면 이불이나 매트를 깔고 스스로 앞구르기나 뒷구르기를 할 수 있습니다. 그러나 신체 발달이 더디거나 처음 시도해 본다면 부모님과 안전장치의 도움을 받아 앞구르기부터 시작해야 합니다. 이 자세는 전신의 근육을 사용할 수 있고, 손목과 팔목의 유연성을 높이는 활동입니다.

짐볼 위에서 점프하기　　　만 3세 이상

부모님이 아이의 손을 잡은 채 짐볼 위에 올라섭니다. 두 발로 제자리 점프를 10회 이상 하는 활동으로, 신체 발달 정도에 따라 뛰는 높이를 미세하게 조절하는 것도 도움이 됩니다. 이 놀이는 자세를 조절하고 균형을 유지하는 능력을 향상시키며, 양발을 동시에 뜀으로서 협응능력을 높일 수 있습니다.

밸런스 쿠션에서 균형 유지하기　　　만 3세 이상

밸런스 쿠션 위에 서서 10초 이상 균형을 유지하며 몸의 흔들림을 느껴 봅니다. 이 놀이는 자세를 조절하는 능력과 균형감을 향상시키며, 균형을 유지하는 시간을 늘리면 코어 근육까지 발달시킬 수 있습니다.

폼롤러 위에서 균형 유지하기   만 3세 이상

폼롤러 위에서 10초 이상 균형을 유지하는 활동입니다. '매트 가장자리 밟고 걸어가기' 활동과 마찬가지로 자세를 조절하는 능력과 균형감을 발달시킬 수 있으며, 떨어지지 않고 버티는 시간이 길어지면 코어 근육도 함께 사용할 수 있습니다.

종이블록 건너기   만 2세 이상

종이블록으로 징검다리를 만들고 블록만 밟으며 건너는 놀이입니다. 엄마 손을 잡고 인도를 걸을 때 보도블록 위에 놓인 일정한 색을 따라 한 발, 혹은 두 발로 깡충깡충 뛰며 건너는 것도 이와 같은 이치의 활동입니다. 이 놀이를 통해 아이들은 자세 조절능력과 균형감을 높일 수 있습니다.

그네 타기 　만 2세 이상

놀이터에서 혹은 실내에서 그네를 타는 활동은 자세 조절능력과 균형감을 높일 수 있으며, 전정감각을 통해 주의집중능력도 키울 수 있습니다.

미끄럼틀 타기 　만 2세 이상

놀이터에서 혹은 실내에서 미끄럼틀을 타는 활동은 자세 조절능력과 균형감을 높일 수 있으며, 전정감각을 통해 주의집중능력도 키울 수 있습니다.

감각통합을 돕는 아이 방 인테리어

아이가 어릴 때는 거실에서 여러 방을 돌아다니며 놀기도 하지만 점점 자신의 방에서 책을 읽고 공부를 하고 노는 시간이 늘어납니다. 그래서 아이에게 방은 시간이 지날수록 점점 중요한 공간이 됩니다.

인터넷에 소개된 아이 방 인테리어를 보면 정말 예쁘게 꾸민 경우가 많습니다. 그런 공간에서 지내면 아이가 너무 행복하고 공부도 잘할 것 같은 상상이 들죠. 하지만 아이들은 모두 다른 성향을 가졌기에 똑같은 환경이 정답은 아닙니다. 내 아이만의 성향에 맞는 방 꾸미기가 필요한 이유입니다. 특히 예민하거나 산만한 아이에게는 감각을 조절할 수 있는 환경이 꼭 필요합니다.

① 예민한 아이, 작은 공간으로 이완하라

빈백 의자, 작은 텐트, 베개로 코너를 만들어 은신처를 만들어 주면 아이는 중간중간 휴식을 취하면서 이완할 수 있습니다.

불안감과 긴장도가 높은 아이라면 아이의 마음을 진정시키기에 좋은 무게감이 있는 담요, 무거운 이불이 도움이 됩니다. 또한 흔들림으로 이완하는 것을 좋아하는 아이라면 해먹이나 그네를 매달아 주어 조용하고 편안한 장소를 제공하는 것도 도움이 됩니다.

청각에 예민한 아이라면 소음을 줄여 주는 헤드셋을 착용하거나 방음시설을 마련하는 것도 도움이 되고 밝은 빛에 민감한 아이라면 방 안의 조도가 중요합니다. 아이를 편안하게 하는 조명의 유형과 불빛의 양을 찾아야 합니다. 침대 위쪽에 섬광등 혹은 형광등을 두기보다는 자연광, 부드러운 불빛(백열등)이 유용합니다. 가능하면 빛의 강도를 조절할 수 있는 스위치를 사용하여 아이가 편안한 강도를 선택할 수 있게 하는 것도 좋습니다.

② 산만한 아이, 차분한 공간으로 인테리어하라

산만함을 감소시킬 수 있도록 시각자극을 줄여 주는 게 가장 중요합니다. 창문으로 들어오는 눈부신 빛에도 아이가 산만해질 수 있는데, 그럴 경우에는 암막커튼이 도움이 됩니다.

방은 부드러운 파스텔 톤으로 차분한 분위기를 연출하는 것이 좋으며 시각적 혼란을 최소화하기 위해 장난감과 옷은 눈에 보이지 않도록 정리함이나 장롱에 넣고 이름표를 붙여 줍니다. 또한 산만한 아이들은 때로는 활동의 시작과 끝을 인지하고 다른 활동으로 전환하는 과정을 어려워합니다. 그렇기 때문에 아이 방에 타이머, 알람시계를 두면 아이가 시작과 끝을 알 수 있어서 과제를 끝까지 완성하고 다른 활동에 집중할 수 있습니다.

아이가 공부를 하다가 주의집중력이 낮아진다면 집중을 위해 껌을 씹거나 철봉에 매달리기, 무거운 것을 끌거나 밀기, 물구나무 서기도 도움이 됩니다. 계속 앉아 있다고 해서 아이의 집중력은 길러지지 않습니다. 산만한 아이라면 틈틈이 시간을 정해서 몸을 움직여야 집중하는 시간도 늘어날 수 있기 때문입니다.

산만한 타입의 아이라면 학교나 유치원, 어린이집에서 역할을 주는 방법으로 아이를 도울 수 있습니다. 아이가 수업에 사용할 유인물이나 재료를 같은 반 친구들에게 나누어 주는 일을 담당하게 하는 방법입니다. 아이는 주어진 역할을 수행하면서 성취감을 느낄 수 있고, 주의집중에 필요한 감각도 익힐 수 있습니다.

이처럼 산만한 행동을 질책하며 훈육하기보다는, 아이의 어려움을 함께 이해하면서 방법을 찾아야 합니다. 어떻게 하면 편안하게 하루를 보낼 수 있을까를 생각하면서 우리 아이를 지지해 주고 도움을 주는 양육이 되어야 합니다.

[부록] 초등 입학을 앞둔 아이를 위한 감각통합 Q&A

 '감각통합'이란 무엇이며 어떤 과정을 거쳐 발달되나요?

감각통합이란 보고 듣고 만지고 맛보고 냄새를 맡는 외부감각과 움직임이나 위치를 인지하는 내부감각의 정보를 효율적으로 처리하는 능력입니다. 길을 걷다가 장애물에 발을 부딪힌 상황을 예로 들어 볼까요? 무언가가 발에 닿는 느낌을 알아차리는 순간 우리는 눈으로 보고 소리로 들으면서 장애물이 무엇인지를 인식합니다. 1초도 안 되는 찰나에 휘청하며 넘어질 것 같다는 감각신호를 뉴런을 통해 일사불란하게 뇌로 보냅니다. 여러 가지 감각을 통해 이 정보를 입수한 뇌는 상황을 파악하고 넘어지지 않도록 운동명령을 내려 문제를 해결합니다. 이처럼 감각통합은 우리가 눈을 떠서 하루를 보내고 잠들 때까지 꼭 필요한 능력입니다.

감각통합의 발달은 태아 때부터 시작됩니다. 아이는 엄마의 배 속에서부터 양수에서 둥둥 떠다니며 흔들림을 경험하고 손가락을 빨면서 입의 감각을 익힙니다. 태어나서는 눈으로 보고 귀로 듣고 만지고 맛보고 몸을 움직이면서 처음 경험하는 다양한 감각을 몸으로 익히면서 처음에는 단순했던 감각정보를 점점 성숙시켜 나갑니다. 모빌만 보다가 손을 뻗어 사물의 형태를 느껴 보고, 잡은 장난감을 여러 방식으로 만져 보면서 조작을 배우고 만들기를 하고 그림을 그리고 쓰기를 할 수 있는 것처럼 감각 발달을 통해 점점 상위기능을 성취하게 됩니다. 아이가 학교에 잘 적응하고 학습효과를 높이기 위해서는 조기교육으로 한글과 영어를 빨리 배우는 것보다 학습을 할 수 있는 뇌를 만드는 과정이 더 중요합니다. 감각입력을 처리하고 조직화하는 데는 뇌 신경계의 80퍼센트 이상이 관여합니다. 즉, 각감통합과 뇌 발달은 밀접한 연관이 있다는 의미입니다. 뇌 기능이 전체적으로 밸런스를 유지하며 고루 발달할 때, 아이는 몸을 잘 움직일 수 있고 바르게 행동할 수 있습니다. 또한 학습과 사회성의 기반이 되는 것도 바로 감각통합의 역할입니다. 초등학교에 입학할 무렵이면 이러한 감각통합의 과정이 완성되어 가는데, 학교생활에 필요한 감각통합이 필요한 수준에 맞게 발달되어 있지 않으면 학습도 친구관계도 자존감도 저하됩니다. 아이의 발달상황에 관심을 갖고 부족한 부분을 채워갈 수 있는 감각통합 활동을 추천합니다.

분류	감각의 종류
외부 감각	시각, 청각, 미각, 후각, 촉각
내부 감각	• 고유수용성감각 : 근육과 관절을 통해 신체 위치와 움직임 자극을 뇌에 전달하여 이를 느끼는 감각 • 전정감각 : 평형기관과 청각기관으로 이루어진 귓속의 내이(內耳)를 통해 머리의 위치와 공간에서의 움직임과 균형에 대한 자극을 뇌에 전달하여 느끼는 감각
내장 감각	신체 내부 장기로부터 뇌에 전달하여 느끼는 감각

스마트폰, TV 시청 시간이 긴 편입니다. 예비 초등이라 패드학습량까지 더해지니 감각 발달에 나쁜 영향을 미칠까 걱정입니다.

미디어 노출 문제는 점점 심각해지는 것 같습니다. 미디어 노출을 단순한 문제로 치부할 수 없는 이유는 발달, 학습, 정서, 사회성 등 아이 발달에 전반적으로 부정적인 영향을 주기 때문입니다.

스마트폰, TV, 패드학습 등의 잦은 미디어 사용을 걱정하면서도 다른 아이들은 다 하는데 괜히 뒤처지는 것 같고 혼란스러우실 겁니다. 하지만 그런 걱정을 하시는 부모님들께 저는 이렇게 말씀드리곤 합니다. "뇌 발달의 결정적인 시기인 '초등 입학 전'까지 만이라도 최대한 미디어 노출을 줄이거나 덜 보는 방향으로 조절할 수 있도록 노력하세요"라고 말입니다. 물론 초등학교 입학 후에 스마트폰 사용을 적극 권장한다는 의미는 아닙니다. 또한 미디어 제한이 정말 어렵다는 것도 충분히 알고 있습니다. 하지만 다양한 감각과 생각, 움직임의 자극을 뇌로 보내서 뇌가 발달하는 시기는 다시 돌아오지 않습니다. 아이들의 뇌는 태어나서 초등 입학 무렵까지 뇌세포에서 신경망을 형성하고 서로 연결되면서 발달합니다. 그렇기에 이 시기에는 새로운 것을 몸으로 배우고 느끼면서 뇌 전체가 발달합니다.

뇌가 폭발적으로 발달하는 이 시기에 스마트폰을 사용하면 뇌는 전체를 자극하는 대신 시각 위주의 과도한 자극을 받게 됩니다.

미디어에 과하게 노출된 아이들은 뇌에 입력되는 감각이 불균형해져 발달에 문제를 일으킬 수 있습니다. 또한 스마트폰의 자극에 노출되면서 부모와의 상호작용과 애착, 운동, 독서 등에도 흥미가 줄어듭니다. 게다가 스마트폰의 의존도가 심해지면 이마엽의 발달을 방해해 자기조절능력, 집중력, 작업 기억력 등에 부정적인 영향을 받을 수 있습니다. 특히 만 4~6세의 아이들은 여러 가지 경험을 통해 입력되는 다양한 감각과 적절한 휴식이 중요한 시기입니다. 친구와 신나게 뛰어놀면서 가족과의 충분한 스킨십 및 대화가 있어야 몸도 마음도 건강하게 자랍니다. 잠시 스마트폰을 내려놓고 아이가 다양한 감각을 경험하면서 뛰어놀 수 있어야 합니다.

유치원에서 다양한 활동을 하고 있어 안심했는데, 또래보다 감각 발달이 느린 것 같아요. 유치원 활동만으로는 부족할까요?

아이들은 어린이집이나 유치원에서 또래 친구들과 어울리며 많은 것을 배웁니다. 선생님의 지시에 따라 단체활동을 하면서 자신에게 필요한 감각을 익힙니다. 하지만 문제는 모든 아이들이 어린이집이나 유치원에서의 활동에 적극적으로 참여하는 것은 아니라는 사실입니다. 낯선 환경에 적응하지 못하는 아이도 있고, 많은 사람이 자신을 지켜보는 상황에 거부감을 표현하기도 합니다. 어린이집이나 유치원 같은 기관에서는 적게는 예닐곱 명, 많게는 스무 명이 넘는 친구들이 함께 활동하기 때문에, 아이 개개인의 기질과 행동 패턴을 고려하지 못할 때가 많습니다. 같은 공간에서 함께 활동하는 것일 뿐, 아이에게 딱 맞는 활동은 이루어지지 않기에 어린이집이나 유치원에서의 활동만으로는 우리 아이의 역량을 최고치로 끌어올리기에는 한계가 있습니다. 내 아이에게 딱 맞는 감각통합 활동은 기관에서 대신해 줄 수 없다는 의미입니다.

따라서 가정에서는 아이의 부족한 부분을 파악하여 이를 보완할 수 있는 활동을 꾸준히 해야 합니다. 아이의 장단점과 성향을 잘 알고 있는 부모만이 그런 역할을 해줄 수 있습니다. 어느 기관에서도, 어느 선생님도 내 아이의 부족한 부분을 집중적으로 가르칠 수 없습니다. 아이가 가장 편안해하는 공간에서 부모와 함께 하는 운동과 놀이는 어느 활동보다 아이에게 긍정적인 영향을 줍니다.

편식이 심하고 구강감각이 예민한 6살 여자아이입니다. 예민도를 줄이고 통합감각을 키우려면 어떻게 해야 할까요?

구강감각이 매우 예민한 아이는 대체로 편식이나 소화장애, 영양 불균형 등 섭식의 문제를 갖고 있으며 양치 거부, 치주질환 등 식사 외에도 여러 가지 어려움을 겪는 경우가 많습니다. 구강으로 받아들이는 촉각과 미각 등의 감각을 다른 사람보다 더 민감하게 받아들이면서 불쾌하고 공포스럽게 느끼는 걸 '구강방어'라고 합니다. 음식물의 맛, 질감, 크기에 예민한 아이는 칫솔모, 치약의 맛 등에도 방어 양상을 보입니다.

감각방어 기제가 심한 경우 칫솔이 입안으로 들어오는 것조차 날카로운 가시가 입안을 찌르는 듯한 감각으로 받아들입니다. 음식도 입으로 섭취하는 하나의 감각자극물이기 때문에 아이는 음식에서 느끼는 시각, 촉각, 후각, 미각에도 민감하게 반응할 수 있습니다. 그래서 눈으로 보기만 해도 안 먹는다고 떼를 부립니다. 보기만 해도 불편하고 고통스러운 기억이 떠오르기 때문입니다. 그래서 촉각방어, 구강방어를 갖고 있는 아이들은 일상생활에서 더욱 많은 어려움을 호소합니다.

구강이 예민한 아이에게는 환경과 감각을 조절해 주는 두 가지 중재 방법을 적절하게 섞어서 사용하면 됩니다.

첫 번째로 환경을 조절해 주는 중재 방법은 아이가 싫어하는 감각을 우회하고 차단하는 방법입니다. 치약의 맛을 싫어한다면 무색, 무취의 치약을 사용하고 아이가 칫솔을 입에 넣는 것을 싫어해서 입을 벌리지 않거나 칫솔을 물고 씹어서 망가트린다면 선호하는 감각의 칫솔모를 사용하면 됩니다. 아이가 칫솔을 모두 거부한다면 핑거브러시나 가제 손수건 등을 사용하면서 아이에게는 양치를 해야 한다는 명확한 메시지를 주되 편하게 접근할 수 있는 방법을 찾아보면 좋겠습니다.

두 번째로 감각을 조절하는 중재 방법은 방어가 나타나는 감각의 역치(신경계가 반응하는 데 필요한 자극의 양) 수준을 차츰 올리는 방법입니다. 한마디로 민감도를 낮추면서 완화시켜 주는 과정입니다. 작업치료사와 함께 진행한다면 민감도를 낮추는 활동이나 마사지(잇몸, 빰 및 인중 눌러주기)를 병행할 수 있으며 혀에 닿는 자극을 차츰 단계적으로 높여 가며 긍정적인 감각 경험을 제공해서 안정감을 줄 수 있습니다.

편식하는 아이를 다그치기보다는 아이의 먹는 속도를 인정하고 조급한 마음을 버려야 합니다. 미각이 예민한 아이들은 싫어하는 음식을 아주 소량만 넣어도 알아차리곤 합니다. 그럴 땐 아주 극소량부터 시작하세요. 먹기 싫은 마음을 인정해 주고 최대한 공감하면서 음식을 매우 작게 자른 후 먹도록 권유해 보세요. 그럼에도 먹지 않는다면 기다려 주어야 하지만, 아주 극소량이라도 잘 참고 먹었다면 진심으로 기뻐하면서 칭찬해야 합니다. 그런 다음에 싫어하는 양을 차츰 늘려야 하지만 부모님의 욕심에 더 많은 양을 요구하면 안 됩니다. 약 한 달 동안은 처음 성공했던 양과 거의 같은 정도의 소량만 주며 성공경험을 이어 가면 됩니다.

아이가 3분의 1 조각만 먹었다면 다음 날에도 그 정도 크기를 먹도록 하고, 일주일 동안은 3분의 1 정도의 크기, 그다음 일주일은 2분의 1 정도의 크기, 그다음 일주일은 3분의 2 정도의 크기로 점차 양을 늘려가세요. 이 방법도 아이의 성향이나 반응에 따라 조절하면 됩니다. 이렇게 조금씩이지만 성취감을 느낀다면 아이는 안심하고 다른 낯선 음식에도 도전할 용기가 생깁니다.

마지막으로 편식이 있는 아이와의 음식 놀이는 정말 중요합니다. 서로 먹여 주는 놀이나 음식점 놀이 등 역할놀이를 하면서 즐겁고 재미있는 시간을 경험하면 음식에 대한 불편감을 희석시킬 수 있습니다. 그리고 식재료 스티커 붙이기, 편식 관련 동영상, 식사 예절에 관한 그림책, 맛있는 음식에 관련된 노래활동을 통해 친숙도를 높여 주세요. 특히 다양한 식재료를 직접 만지고 요리하고 함께 먹어 보는 '식재료 놀이'는 편식하는 아이인 경우 음식에 대한 편견을 깨트릴 수 있습니다.

하지만 편식의 문제뿐 아니라 발달의 어려움이 동반되거나 불안감이 높은 아이라면 편식 문제를 부모와 아이의 노력만으로 해결하려 하기보다는 장기적인 관점에서 바라봐야 하기에 전문가와의 상담을 권합니다.

발달이 느린 아이, 초등 입학 후 적응이 어려울까 봐 걱정입니다. 입학 전에 미리 준비해야 할 것이 있나요?

느린 아이들은 어린이집이나 유치원에서, 또래 관계에서 혹은 일상생활에서, 많은 어려움을 경험하게 됩니다. 특히 초등학교 생활은 이전에 경험한 어린이집이나 유치원보다 더 큰 단체집단에서 생활해야 하기에 더 큰 스트레스를 받고 미리 준비해야 할 것도 많습니다. 천천히 크고 있는 우리 아이를 위해 취학 전에 무엇을 도와줘야 할까요?

첫째, 학교생활에 필요한 자조기술을 연습하라.
가방 지퍼 열고 닫기, 필통 꺼내서 학용품 꺼내고 정리하기, 필요한 책을 찾아오기, 우유 팩 뜯기, 식판 사용하기, 화장실 사용하기 등 학교생활에 필요한 자조기술을 미리 연습해야 합니다.

둘째, 학교생활 중 각성 상태를 유지할 수 있는 전략을 세워라.
의자에 앉으면 몸을 쉼 없이 흔드는 아이들 중에는 의자가 넘어갈 정도로 심하게 움직이는 경우가 있습니다. 이런 습관은 자칫 낙상사고로 이어질 수 있고 다른 아이들에게도 방해가 됩니다.
주의를 주는 것만으로 고쳐지지 않는다면 무의식중에 하는 행동일 수 있으니 의자나 책상 아랫부분에 고무 밴드를 둘러서 아이가 지지대 삼아 밟게 하는 것이 도움이 됩니다. 이처럼 주의집중에

도움이 되는 감각을 스스로 입력하도록 환경을 조성해 주세요. 그리고 등교하기 전에 트램펄린을 뛰거나 신체활동을 하면서 각성을 조절하는 것도 도움이 됩니다.

감각이 예민해서 시각과 접촉감각에 민감하게 반응한다면 아이가 편하게 앉을 수 있는 장소(교실 맨 끝 구석 자리에서 주변 사람의 모습을 확인할 수 있도록)가 어디인지 고민해 보세요. 그리고 청각소음에 민감하다면 소음차단 헤드셋을 쓰는 방법도 있습니다.

셋째, 아이가 선호하는 감각으로 의사소통하는 방법을 배워라.

언어 발달이 느릴 경우 시각, 청각, 행동 중 더 잘 이해할 수 있는 방법으로 학습을 보강하고, 이 과정을 자연스럽게 받아들이기 위해서는 규칙을 따르고 적응할 수 있도록 연습해야 합니다. (예를 들어, 사진이나 그림을 보여 주며 아이가 해야 되는 과제를 미리 인지시키는 방법) 또한, 학교생활에는 모둠활동이 많기에 자기 생각을 표현하고 의견을 나누는 방법을 배워야 합니다.

넷째, 학교생활에 필요한 사회활동을 미리 연습하라.

학교는 유치원이나 어린이집보다 더 큰 단체집단입니다. 아이는 더 커진 단체생활에 맞는 규칙과 협동, 관계를 배워야 합니다. 여기에는 언어능력, 조직력, 논리력, 자기조절 그리고 심리적 등의 성장이 뒷받침되어야 합니다.

아이가 선생님의 지시를 수용하고 따를 수 있는 능력을 갖추고

협동하는 방법을 배우고 모둠활동에서도 자기 생각과 의견을 나누면서 사회적인 관계를 경험할 수 있는 활동이 필요합니다. 학교 적응을 위한 경험의 기회(발달센터, 복지관 및 병원에서의 학교 적응 프로그램)가 있다면 참여하게 하거나 그렇지 못할 경우, 학교 적응에 필요한 교재를 구입하여 집에서 모의훈련을 해 보는 것도 하나의 방법입니다.

Q 만 5세인데도 숟가락 사용이 서툴고 스스로 옷 입는 것도 어려워합니다. 그냥 기다려야 할까요?

기본적인 신변 처리(밥 먹기, 양치하기, 씻기, 옷 입고 벗기 등)는 가장 기본적인 자조기술입니다. 이 부분이 제대로 이루어지지 않으면 내 몸을 인식하고 각각의 신체 기관(머리, 몸통, 팔, 다리)을 협조적으로 사용하면서 과제를 수행하는 것이 어렵습니다.

티셔츠 입는 과정을 예로 들어 설명해 볼게요. 우리가 티셔츠를 입으려면 우선 티셔츠의 앞뒤를 확인하고 머리와 팔의 구멍도 확인합니다. 머리와 팔의 구멍에 내 몸을 넣을 수 있도록 내 몸을 구멍에 맞게 구부리고 펴면서 옷을 입어야 합니다. 하지만 부모님이 매번 옷을 입혀 준다면 아이가 이 과정을 경험할 수 없습니다.

자조기술 능력이 부족하면 각 발달 시기에 맞는 신체(대근육, 소근육) 발달이 늦어지고 과제를 계획하고 수행하는 일이 어렵기 때문에 인지 발달에도 부정적인 영향을 줍니다. 그리고 스스로 할 수 있는 것들이 거의 없어서 자신감, 자존감, 자기효능감이 떨어질 수밖에 없습니다. 이 문제는 더 나아가 학습을 하고 새로운 것을 배우거나 도전을 할 때도 문제를 일으킵니다. 왜냐하면 숟가락이나 포크를 쓰는 것이 어려운 아이들은 대체로 크레파스나 색연필, 가위질 등에도 서툴러지기 때문입니다. 결국 손으로 하는 모든 활동을 어려워하게 됩니다. 학습은 눈으로만 하는 게 아니라 쓰고, 읽고 생각하는 다양한 능력이 필요하기 때문입니다.

그리고 자조기술이 서툰 아이들은 어릴 때부터 아이도 나름대로 노력을 하지만 실패경험도 많고 크게 바뀌지 않아 밥 먹기, 수업 따라가기, 과제활동 등을 곧잘 포기하곤 합니다. 우리 아이의 전반적인 발달을 위해서는 우리 아이의 자조능력이 어느 정도인지 파악해야 하며 부모가 너무 많은 부분을 도와주고 있지 않은지 양육방식도 체크해야 합니다. 또한 자조기술 중 아이가 유독 힘들어 하는 부분이 있으면 그 이유를 고민하면서 반복적으로 연습하고 **환경 변화**(예를 들면, 신발의 왼쪽, 오른쪽을 헷갈려 한다면 깔창에 스티커로 표시하면서 시각적으로 단서를 주는 방법) 등의 노력으로 아이가 쉽게 할 수 있도록 아이디어를 내고 함께 문제를 해결해 가는 노력이 필요합니다.

Q 예비 초등학생인데 한글에 관심이 없어요. 학습의지가 없는 아이들도 단순히 '의지의 문제'가 아닌 '감각기관의 문제'일 수 있나요?

아이가 어릴 때는 신나게 놀고, 잘 먹고 잘 자는 것이 가장 중요하다고 생각하던 부모님들도 초등학교에 입학할 시기가 다가오면 점점 불안해지기 시작합니다. 글자를 척척 읽고 쓰거나 덧셈 뺄셈을 능숙하게 하는 주위 아이들을 보면 걱정이 더해집니다. 엄마표 한글이나 수학을 찾아 급하게 이것저것 시켜 보지만, 아이는 부모님들의 마음처럼 따라 주지 않습니다. 좀처럼 앉아 있지 못하는 건 물론이고, 엄마가 말하는 것도 제대로 못 듣는데 선생님 말씀은 잘 들을지 걱정이고, 지렁이 기어가듯 엉망으로 글씨를 씁니다. 심지어 '6'과 '9' 혹은 'ㅏ', 'ㅓ'를 잘 구분하지 못하기도 합니다. '좀 더 일찍 공부습관을 잡아 줬어야 했나……' 하고 후회하면서 '우리 아이 정말 괜찮은 건가?' 하는 의구심이 들기도 합니다.

아이가 본격적으로 학습을 시작하기 전에, 아이의 뇌가 제대로 학습할 준비가 되었는지, 초등학습을 위한 시지각과 청지각 능력이 잘 발달하고 있는지를 체크해야 합니다. 만약 이 능력의 발달 정도에 대한 확인 없이 그저 아이를 다그치며 반복적으로 학습만 강요한다면, 아이는 학습에 흥미를 잃어버릴 뿐만 아니라 부모님과의 관계마저 나빠지게 됩니다. 학습을 하려면 바른 자세를 유지할 수 있어야 하고 집중력, 시지각 능력, 청지각 능력 등 여러 능력들이 적절하게 발달되어야 합니다.

시지각 능력은 읽기, 쓰기, 셈하기와 같은 학습능력과 깊은 연관이 있습니다. 아이가 학습한 내용을 잘 습득하지 못하거나 어려워하면, 시지각 능력이 잘 발달되어 있는지를 한번 점검해 보기를 권합니다.

청지각은 학교에서 받아쓰기를 할 때처럼 아이가 들은 소리를 문자로 올바로 써야 하는 능력, 즉 청각을 통해 들어오는 감각정보를 뇌에서 해석하고 처리하는 능력입니다.

청지각에 문제가 있으면 소리와 말소리의 차이를 변별하고 해석하는 데 어려움을 겪기 때문에 언어뿐만 아니라 읽기 쓰기와 같은 학습 과정에 문제를 보일 수 있으며 주의집중력이 떨어져 부정적인 영향을 줍니다.

청지각은 아이가 다양한 상황에서의 청각 자극을 어떻게 받아들이는지를 살피고 이를 상황에 맞게 해석해서 반응할 수 있는지를 살펴봐야 합니다.

Q. 초등학습을 위한 시지각 놀이에는 어떤 것들이 있을까요?

시지각 능력은 눈으로 본 시각정보를 뇌에서 통합하고 처리해서 학습과 다양한 활동을 할 수 있도록 돕습니다. 또한 추상적, 논리적인 사고체계와 같은 인지 영역이 발달할 수 있게 합니다. 하지만 이 능력은 선천적으로 생겨나는 것이 아니라 신생아 때부터 다양한 경험으로 획득해 온 후천적 결과물입니다.

시각은 가만히 있는 상태에서 발달되지 않습니다. 다양한 환경에서 감각을 경험하고 움직이면서 뇌에 데이터가 쌓이며 발달됩니다. 아이가 움직이면서 보는 여러 각도의 사물의 이미지는 수억 개의 뇌신경을 통해 입체적 이미지를 만들고 뇌는 사물의 형태를 파악합니다. 그리고 더 나아가 그 사물의 사용처, 모양 그리고 비슷한 용도의 사물과 카테고리를 만들어 냅니다.

그리고 아이가 이리저리 돌아다니며 몸과 머리 그리고 눈의 위치를 바꾸면서 스스로 시각 기술을 발전시켜 나갑니다. 이처럼 시각을 발달시키기 위해서는 만지고 듣고 움직이는 과정이 함께 이루어져야 합니다.

예를 들면 아이가 처음 사과를 잡으면 매끈한 표면을 만지면서 촉감을 경험합니다. 이 촉각 경험 위에 시각정보를 입혀서 그 감촉을 기억하게 되는 겁니다. 그래서 한번 실물을 경험하고 나면 다음번에는 사과 그림만 봐도 둥글고 매끈한 감각을 떠올릴 수 있습니다. 이처럼 아이가 눈으로 보고 만졌던 경험적 지식은 사물에 대한 속성을 생각하고 이해하는 데 도움을 줍니다. '사과'라는 단어만으로도 이전에 경험했던 감각이 시각정보로 이어져 해당 사물의 형태를 연상할 수 있도록 도와줍니다.

그리고 이러한 시각의 발달은 언어 발달과도 밀접합니다. 우리는 의사소통, 즉 상대와 말하고 듣고 대화를 나누고 토론하는 활동들이 청각을 통해서 이루어진다고 생각하지만 사실은 93퍼센트가 비언어적인 소통으로 이루어집니다. 그러면 그 93퍼센트의 비언어적인 의사소통은 무엇일까요?

서 있는 자세, 제스처, 옷매무시, 냄새, 기온, 습도, 조명의 밝기까지 다양한 감각들로 소통을 합니다. 그 많은 것들 중 55퍼센트 정도는 얼굴 표정과 몸짓의 시각정보로 대화를 판단하고 분석하고 이해하는 것입니다. 또한, 학교에서 아이들이 수업을 듣고 학습을 할 때는 75퍼센트 이상을 시각에 의존하게 됩니다.

칠판에 쓰인 글씨를 옮겨 적고, 선생님의 수업을 따라가고, 만들기를 하는 일련의 과정에서 시각의 사용 빈도가 75퍼센트를 넘는다는 것은 아이들의 발달과 학습, 나아가 삶에서 시지각이 중요한 영역을 차지한다는 의미입니다.

그렇기 때문에 발달에 맞는 신체활동으로 안구운동의 조절을 경험하고 다양한 세상을 보여주면서 시각정보를 기억하고 인지하고 적응하는 경험을 충분히 쌓을 수 있는 시지각 활동이 꼭 필요합니다.

[한글과 수를 배울 때의 추천 활동]

추천 활동	효과
시각-운동 협응능력	눈과 신체를 협조적으로 사용할 수 있는 능력 (눈-손) 풍선이나 공 주고받기, 점선 선긋기, 과녁 맞추기 (눈-발) 공차기, 발 그림(테이프) 따라 걷기, 장애물 넘기 (눈-귀) 글자나 단어를 다른 사람한테 전달하기
도형-배경 변별능력	복잡한 배경 속에 숨겨진 그림을 찾는 능력 : 숨은 그림 찾기, 서랍의 물건 찾기, 동화책의 글자 찾기
공간 위치 및 공간 관계 지각능력	물체와 자신, 물체와 위치의 상호관계를 지각하는 능력 : 미로 찾기, 선 따라 걷기, 장애물 활동
형태 항상성 지각능력	형태, 크기, 위치 등 변하지 않는 속성을 지각하는 능력 : 같은 모양 찾기, 장난감 사진을 다각도에서 찍고 비교하기

언어와 인지 발달을 위한 청지각 놀이는 무엇이 있을까요?

　청각은 언어 발달, 인지 발달, 정서 발달에 중요한 감각입니다. 청각은 태아 때부터 발달되며, 신생아 시절부터 음악 소리에 귀를 기울입니다. 아이들은 음악이나 억양이 다양하고 복잡한 형태일수록 큰 반응을 보이며, 다양한 듣기는 청각 발달의 질을 결정합니다. 청각은 언어 발달과 보조를 맞추기 위해서 천천히 완성되며 생후 몇 년 동안 반복해서 듣기만 해도 말을 이해하고 표현할 수 있는 신경세포 망이 형성되기도 합니다. 그리고 아이는 음악과 말소리(자장가)를 접하면서 정서적인 안정감을 느끼게 됩니다. 아이의 발달에 영향을 주는 청각의 처리에 어려움을 갖는다면 환경을 조절해 주거나 놀이로 청각 발달을 도와주세요. 만약 아이가 소음이 적은 환경에서만 잘 듣는 편이라면 하루 중 조용한 시간을 갖고 감각의 양을 조절해야 합니다. 그리고 아이가 들은 것을 제대로 이해했는지 부모님에게 다시 말해 보면서 청각정보가 명확하게 입력되었는지를 확인하는 노력이 필요합니다.

　청지각 능력을 발달시키는 추천 활동으로는 '시장에 가면~' 또는 '즐겁게 춤을 추다가 그대로 멈춰라'처럼 노래에 맞게 움직이거나 말할 수 있는 놀이, 깃발 들기, 심부름 활동 등이 있으며 이런 자극을 통해 청각이 향상됩니다.

역할놀이 몰입이 어려워서, 친구들과 종종 갈등을 일으킵니다. 초등 입학 전에 바로잡으려면 어떻게 해야 할까요?

일상생활에서는 '공감능력'이 무척 중요합니다. 공감능력이란 조망수용능력의 한 부분인데, 여기에는 공감능력, 언어 발달, 자아개념, 자아존중감, 대인지각, 타인의 의도 추론능력 등이 모두 포함됩니다.

발달 심리학자인 피아제(Jean Piaget)는 인지 발달 이론에서 만 2~7세 아동은 자기중심적인 경향을 보인다고 주장합니다. 또 다른 심리학자 셀먼(Selman)은 조망수용능력이 만 3세부터 성인기에 이르기까지 단계적으로 발달하며 세포 발달이 완전히 이루어지지 않은 만 3~6세에는 타인의 생각과 감정이 자신과 다르다는 것을 구별하지 못하다가 만 6~8세부터는 더 넓은 사회적 가치 체계를 알게 되고, 타인의 생각이 자신의 생각과 다를 수 있다는 것을 이해하게 된다고 말합니다. 그러나 이러한 조망수용능력은 단지 시간이 지난다고 자연스럽게 얻어지는 능력이 아닙니다. 조망수용능력을 키우기 위해서는 다양한 상황들을 경험하고 생각과 감정을 표현해 보는 과정이 필요합니다.

특히 요즘은 외동이 많은데, 외동아이의 경우 부모님과 함께 감정을 표현하면서 역할놀이를 해 보는 과정이 필요합니다. 이를 통해 아이가 타인을 공감하고 수용하는 아이로 자랄 수 있도록 다양한 감각과 놀이를 경험시켜 주어야 합니다.

우리 아이는 유독 언어 발달이 느리고, 말수가 적습니다. 학교에 입학하면 친구관계가 걱정인데 어떤 감각을 키워야 할까요?

언어 발달이 느린 원인에는 여러 가지 요인이 있습니다. 놀랍게도 신체 발달 또한 언어 발달에 영향을 줍니다. 다양한 오감(외부감각)을 경험해 보고, 몸을 움직이면서(내부감각) 발달에 필요한 기초가 차곡차곡 쌓여야, 언어 발달이 원만하게 이루어집니다.

예를 들어 아이는 말하는 사람의 얼굴 표정과 제스처, 입 모양을 보면서 소리를 듣고 의사소통을 하게 됩니다. 또한 넘어지거나 기어다니다가 어딘가에 부딪혔을 때 "넘어졌어!", "아파!" 하고 자신의 신체에 대한 느낌을 말로 표현합니다. 즉, 언어는 단순하게 듣고 말하는 것만으로 발달되지 않기에 적절한 감각을 경험하고 표현하는 연습이 필요하다는 의미입니다. 또한 언어 발달은 구강의 감각과도 연관되어 있어서, 너무 예민하거나 둔감하면 언어 발달에 영향을 줍니다. 다양한 질감의 음식물을 씹고 삼키는 경험이 부족한 아이는 혀와 턱의 움직임이 원활하지 않고 자극을 받아들이는 데에도 어려움을 겪기 때문에, 발음이 부정확하거나 말하는 것을 꺼리게 됩니다.

그렇기에 우리 아이가 외부감각(오감)과 내부감각(전정감각, 고유수용성감각)을 받아들일 때 너무 민감한지 둔감한지 그리고 운동 발달에 문제가 없는지 등을 관찰하면서 한 가지 감각만 주는 것이 아니라 감각에 대한 다각도의 접근이 필요합니다.

Q 책을 읽을 때 문장을 빼먹고 읽고, 알림장도 글자를 빼먹거나 미처 못 쓸 때가 많습니다. 이런 아이, 무엇부터 연습해야 할까요?

학교에서는 칠판에 쓰인 글자를 눈으로 따라가거나 그걸 공책에 옮겨 쓰는 활동을 많이 합니다. 이때는 시선을 옮기는 능력과 어느 곳을 보고 있었는지 기억해 찾는 능력이 필요합니다. 시지각 발달이 더딘 아이들은 안구의 조절이 적절히 이루어지지 않아 사람과 사물에 정확히 초점을 맞추는 데 어려움이 있습니다. 도형 및 글자를 변별하는 것을 어려워해서 한글과 숫자를 배우는 일이 더디기도 합니다.

눈을 조절하는 능력을 키우기 위해서는 머리와 몸통의 안정감을 향상시키는 활동이 필요합니다. 코어를 강화시키는 운동과 학습에 필요한 시지각 능력을 향상시킬 수 있는 활동을 함께하면서 학교 수업시간에 일어나는 활동들을 미리 연습하는 것도 좋습니다.

이를테면 수업시간에 눈으로만 책을 읽는 시간이 있는데, 이때 손으로 더듬어 읽게 하거나 줄을 긋는 등 표시를 하며 읽는 방법을 미리 연습하면 읽기가 훨씬 수월해집니다. 아이가 작은 글자를 따라 읽기 어려워하면 교과서를 미리 확대 복사해서 큰 글씨로 준비하는 것도 도움이 됩니다. 혹은 담임선생님과 의논하여 칠판에서 가까운 자리로 바꿔 글자를 보기 쉽게 하는 방법도 있습니다.

운동신경이 둔한 편인지 감각통합 발달에 문제가 있는지 판단하기가 어려워 고민이 될 때, 집에서 체크하는 방법이 있을까요?

양육하는 과정에서 감각을 민감하게 혹은 둔감하게 느껴 일상생활에 어려움을 갖거나, 아이의 움직임이 서툴거나, 좋지 못한 습관을 갖고 있거나, 발달지연이 관찰되는 등 다양한 문제로 감각통합 치료를 받기 위해 방문합니다. 하지만 이 문제들은 감각통합과 연관이 있을 수도 아닐 수도 있기에 작업치료사와 상담하면서 정확한 검사가 이루어져야 합니다. 다만, 감각통합이 잘 이루어지지 않는 아이들은 다음의 몇 가지 특징을 갖고 있습니다.

첫째, 글씨 쓰기, 그리기, 색칠하기, 가위질 등 미세한 손 조작을 어려워합니다. 둘째, 신체 발달이 더디고, 점프, 달리기, 자전거 타기 등의 신체활동이 서툽니다. 셋째, 규칙을 잘 지키지 못하고 친구들과 노는 것을 어려워합니다. 넷째, 움직임이 지나치게 많거나 주의가 산만합니다. 다섯째, 옷 입기, 식사하기, 양치하기 등 일상생활에서 필요한 자조활동에 어려움이 있습니다. 여섯째, 감정 조절이 서툴러 쉽게 흥분하거나 화를 냅니다. 일곱째, 학습 태도가 바르게 잡히지 않아 읽기나 쓰기 등 기본 학습활동에 어려움을 겪습니다.

그러나 흔히 '몸치'라고 하는 움직임이 둔하고 서툰 사람들도 감각통합에 문제가 있는 게 아닐까 걱정합니다. 왜냐하면 일반적으로 자전거 타기, 줄넘기, 공놀이, 악기 다루기, 자조기술, 글씨 쓰기 등과 같은 운동이나 일상생활을 할 때 외부자극(오감), 내부자극(고유수용성감각, 전정감각)을 잘 활용하여 내 몸을 목적에 맞게 잘 사용해야 하기 때문입니다. '몸치'라고 불리는 사람들은 이 능력들이 서툴 수 있습니다. 하지만 '몸치'라는 이유로 모두 감각통합에 문제가 있다고 볼 수는 없습니다. 왜냐하면 '몸치'가 된 이유에는 경험 부족 때문이라거나 심리적인 문제 등 여러 가지 이유가 있을 수 있기 때문입니다.

그렇기에 우리 아이가 몸치이고 움직임이 서툴거나 둔하거나 느리다고 해서 모두 감각통합 치료가 필요한 것은 아니며 감각통합 발달을 위한 치료나 노력 여부가 필요한지를 알기 위해서는 작업치료사와의 상담과 다양한 검사가 필요합니다.

[부록] 초등 입학 전 아이의 발달상황 체크하기

영역	질문	○	△	×
전신 감각 둔한 아이	영유아 검진 시, 또래보다 성장발육이 더디다 (키, 체중)			
	밖에서 노는 것보다 집에는 노는 것을 더 좋아한다			
	집에서도 주로 누워서 놀려고 한다			
	몸에 힘이 없어 흐느적거리는 것처럼 보인다			
	놀이터나 야외에서 놀 때 자주 넘어진다			
	신체 활동 시, 금방 지쳐서 짜증을 내고 멍한 모습이 자주 보인다			
	걷고 뛰는 것을 싫어한다			
	운동을 배울 때, 어설프고 잘 따라 하지 못한다			
	앉아 있거나 서 있을 때 기대고 있거나 비뚤어진 자세다			
손 감각 느린 아이	손에 무언가 묻는 놀이를 싫어한다			
	그리기와 색칠하기 활동을 힘들어하고 쉽게 포기한다			
	수저와 크레파스, 가위 등 도구를 사용할 때 어설프다			
	구강기가 지났는데도 손보다 입으로 물건을 가져간다			
	블록 만들기와 종이접기를 어려워한다			
	간단한 옷 입기와 벗기조차 혼자 하기 힘들어한다			
	글씨와 숫자를 쓸 때 손에 힘이 없다			

영역	질문	○	△	×
주의집중력 약한 아이	기관에서 활동할 때 제대로 집중하지 못한다 (예 : 돌아다니기, 멍하게 있기, 수업 방해 등)			
	쉽게 잠들지 못하고, 잘 때도 계속 뒤척인다			
	잠시도 가만히 앉아 있지 못하고 움직인다			
	과제 수행 시, 집중하지 못하고 딴짓을 한다			
	과제를 대체로 끝까지 마무리하지 못한다			
	선생님 등 어른의 지시를 따르는 걸 어려워한다			
	쉽게 흥분하는 편이고 친구들과의 갈등 상황이 잦다			
학습력 약한 아이	사물과 사람의 움직임을 따라 시선을 이동시키지 못한다			
	활동을 할 때 쉽게 산만해지거나 집중하지 못한다			
	눈과 손을 협조적으로 사용하는 활동에 어려움을 보인다 (예 : 공 주고받기, 풍선 치기 등)			
	유사한 글자를 분간하기 힘들다 (예 : -ㅂ, ㅍ)			
	한글의 모음 방향을 분간하기 힘들다 (예 : ㅏ, ㅑ, ㅓ, ㅕ)			
	선 따라 그리기나 도형 그리기를 어려워한다			
	숨은 그림 찾기, 다른 그림 찾기, 미로 찾기를 어려워한다			
	퍼즐, 블록, 보드게임을 즐기지 못하고 어려워한다			
	길을 잘 찾지 못하거나 쉽게 길을 잃어버린다			
	모퉁이를 돌고 계단을 오르내릴 때 발을 잘 못 딛는다			
	서랍 속 물건, 단체 사진의 특정 인물을 잘 찾지 못한다			

영역	질문	O	△	×
사회성 약한 아이	어린이집, 학교에서 적응하는 것을 힘들어한다			
	친구들과 어울리지 못하고 혼자 놀 때가 많다			
	친구를 때리는 등 공격적인 행동을 자주 보인다			
	지시에 따르기, 줄 서기, 정리하기 등이 어렵다			
	신체놀이나 단체놀이를 할 때, 규칙을 잘 지키지 않고 마음대로 규칙을 바꾸려 한다. 또는 자신의 뜻대로 되지 않으면 참여하지 않으려 하거나 화를 낸다.			
	모래나 물감 등이 손에 묻는 놀이를 거부한다			
	대화나 노랫소리에 민감해 단체활동을 싫어한다			
언어 발달 느린 아이	구강기가 지났는데도 물건을 잡으면 입으로 넣는다			
	음식을 씹거나 빨대로 마시는 것을 힘들어한다			
	평소에 입을 잘 다물지 못하고 침을 자주 흘린다			
	전반적으로 몸에 힘이 없고 움직임이 어설프다			
	몸짓, 손짓, 표정, 시선, 자세 등의 비언어적 표현을 어려워한다 (예 : 가리키기, 고개 끄덕이기, 싫다고 고개젓기 등)			
	주고받기 같은 간단한 규칙이나 어른의 지시를 어려워한다			
	호루라기나 피리 등 입으로 부는 장난감의 조작이 어렵다			
	구강의 촉각이 지나치게 예민하거나 혹은 둔감하다 (예 : 편식이 심하다, 낯선 음식을 싫어한다, 대충 씹고 삼킨다)			
	영유아 검진 결과, 언어 발달이 느린 편에 속한다			

감각통합은 주변 환경과 신체 내부에서 오는 감각을 효과적으로 사용하는 신경학적 과정입니다. 감각에 과잉반응을 보이거나 둔감한 반응, 변별의 어려움이 있다면 뇌에서 이러한 감각들을 비효율적이고 불균형하게 받아들이기 때문에 가족과 친구들과의 관계, 학업에 필요한 집중력, 조직력, 자존감, 자아조절, 자신감, 학습능력, 추리력과 논리력, 신체와 뇌의 분화와 같은 목표를 이룰 수 없습니다.

위의 표는 감각을 비효율적이고 불규칙하게 처리하는 과정에서 나타나는 다양한 문제행동을 나타낸 표이며, 모든 항목이 한 아동에게서 발현되는 것은 아닙니다. 하지만 이러한 기준은 우리 아이가 가진 감각적 어려움을 이해하고 확인하는 데 도움을 줄 수 있습니다.

[부록] '연필을 꽉 잡지 못하는 아이'를 위한 운동게임

코어 스트레칭 빙고 게임 1

 사이드 플랭크 10초 (Side Plank)	 제자리 깡충깡충 20초 (Skip in Place)	 버드독 10초 (Bird Dog)	 곰 걷기 5회 (Bear Walk)	 옆으로 구부리기 10회 (Side Bend)
 당나귀 발차기 10회 (Donkey Kicks)	 고양이 자세 10초 (Cat)	 장작패기 10회 (Wood Chop)	 슈퍼맨 자세 10초 (Superman)	 등산하기 자세 5회 (Mountain Climber)
 누워서 손 발 교차 들기 10회 (Supine Alternate Arm & Leg Raise)	 엎드린 강아지 10초 (Down Dog)	하고 싶은 동작 (Free Choice)	 네 발 자세 손 뻗기 10회 (Quadruped Reach)	 활 만들기 10초 (Bow)
 플랭크 자세 10초 (Plank)	 한 발로 다리 만들기 20초 (Single Leg Bridge)	 교차 에어로빅 10회 (Supine Cross Crawl)	 네 발 교차하기 10회 (Quadruped Cross Crawl)	 다리 만들기 10초 (Bridge)
 엎드려 손 발 교차 들기 10회 (Prone Alternate Arm & Leg Lift)	 암소 자세 10초 (Cow)	 보트 자세 10초 (Boat)	 수영하기 10회 (Swimmings)	 꽃게 걷기 5회 (Crab Walk)

코어 스트레칭 빙고 게임 2

 앉은뱅이 트위스트 20초 (Seated Spinal Twist)	 팁토우 20초 (Tip-Toe)	 힙 스트레칭 20초 (Hip Stretch)	 윗몸 일으키기 5회 (Sit-ups)	 나비 스트레칭 20초 (Butterfly Stretch)
 짐볼 걷기 10회 (Prone Ball Exercise)	 늘어나는 줄 10회 (Latex Band Exercise)	 천으로 만든 터널 통과하기 5회 (Crawl Tunnel)	 무릎으로 기어가기 10회 (Kneeling)	 밸런스 쿠션 균형 유지 10초 (Balance Cushion Exercise)
 시저스 킥 5회 (Scissor Kicks)	 제자리 달리기 20초 (Run in Place)	 나만의 동작 (Free Choice)	 꽃게 푸시업 5회 (Crab Push-ups)	 투명 의자 20초 (Wall Sit)
 한 발로 균형 잡기 20초 (One Foot Balance)	 제자리 깡충깡충 20초 (Skip in Place)	 사이드 밴드 10회 (Side Bends)	 푸시업 5회 (Push-ups)	 아기 자세 10초 (Child's Pose)
 엉덩이로 균형 잡기 20초 (Balance Sit)	 엎드린 강아지 10초 (Downward Dog)	 스쿼 5회 (Squats)	 런지 10회 (Lunges)	 허벅지 스트레칭 20초 (Half Splits)

연필을 꽉 잡지 못하는 아이를 위한
감각통합 처방전

1판 1쇄 발행일 2023년 12월 20일

지은이 강윤경, 김원철

펴낸이 金昇芝
편집 김은영
디자인 ALL designgroup
표지본문 일러스트 ⓒ 도하

펴낸곳 블루무스
출판등록 제2022-000085호
전화 070-4062-1908   **팩스** 02-6280-1908
주소 경기도 파주시 경의로 1114 에펠타워 406호
이메일 bluemoose_editor@naver.com
블로그 blog.naver.com/bluemoosebooks
인스타그램 @bluemoose_books

ISBN 979-11-93407-02-8   13590

블루무스는 일상에서 새로운 시선을 발견해 현재를 더욱 가치 있게 만들고자 합니다.

· 저작권법에 의해 보호를 받는 저작물이므로 무단 전재와 복제를 금합니다.
· 이 책의 일부 또는 전부를 이용하려면 저작권자와 블루무스의 동의를 얻어야 합니다.
· 책값은 뒤표지에 있습니다. 잘못된 책은 구입하신 곳에서 바꾸어 드립니다.